영어 라이팅, 어렵고 지루한 고행일까?

우리말을 영작하거나 뭔가 자신의 생각을 영어로 논리적으로 쓰는 연습을 한다고 하면 보통은 어렵고 딱딱하고 지루한 공부를 떠올립니다. 지루해서 대단한 인내심이 있어야 할 수 있는 공부라고 생각하죠. **이에 대해 한일의 영어 라이팅 훈련 시리즈는 라이팅 학습이 왜 꼭 그러해야 하냐고 반문합니다. 한일의 영어 라이팅 훈련 시리즈는 쉽고 재미있는 라이팅 훈련을 지향하고자 합니다. 지금까지 여러분들이 영어 독해나 리스닝 공부를 친숙하게 느껴온 것처럼 우리 곁의 정말 친근한 영어 라이팅 훈련의 동반자가 되기를 희망합니다.** 먼저 출간된 〈영어 라이팅 훈련 실천 다이어리〉 시리즈로 학습하신 많은 분들이 '도전하기 쉬워서 좋았다.' '정말 문장이 저절로 길어지는 것 같아 신기했다'는 피드백을 보내주셨습니다. 학습자분들 중에는 독해와 리스닝 실력이 중급 이상이신 분들도 계셨는데요, '다 아는 문장들이라고 생각했는데 막상 써보려고 하니 정말 막막하네요.'라고 하시면서 쉬운 문장부터 써보는 훈련의 필요성에 공감해 주셨습니다.

이제는 읽거나 듣고 이해하는 것에서 한 걸음 더 나아가 말하거나 쓸 줄 알아야 하는 '표현 영어'의 시대입니다. 예전에는 독해와 리스닝 실력만 출중해도 영어를 잘한다는 말을 쉽게 들을 수 있었지만 이제는 자신의 생각을 정확한 영어로 말하거나 쓸 줄 알아야 비로소 영어 실력을 인정 받을 수 있는 때가 된 것입니다. 그만큼 영어로 이메일을 주고받거나 보고서를 작성하는 등 글로 의사를 표시해야 하는 경우가 늘어났다는 현실의 방증이겠죠.

여러분도 좀 더 적극적인 영어 공부의 세계에 빠지기를 희망하십니까? 그렇다면 영어 라이팅 훈련에 도전하십시오. 하루에 30분에서 한 시간씩만이라도 라이팅 훈련에 할애하겠다고 다짐해 보십시오. 꾸준한 실천이 따라준다면 낙숫물이 바위를 뚫듯 언젠가 여러분이 원하는 수준에 도달해 있을 것입니다.

영어 라이팅 훈련
실천 확장 워크북
❷

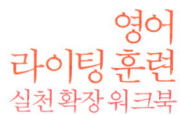

저자 한일
초판 1쇄 발행 2013년 11월 28일 **초판 2쇄 발행** 2018년 1월 18일

발행인 박효상 **총괄 이사** 이종선 **편집장** 김현 **편집** 김효정, 김설아 **디자인팀** 김보연 **영업** 이태호, 이전희
디지털사업팀 이지호 **관리** 김태옥 **디자인·조판** the PAGE 박성미

출판등록 제10-1835호 **발행처** 사람in **주소** 121-839 서울시 마포구 양화로 11길 378-16번지 4F
전화 02) 338-3555(代) **팩스** 02) 338-3545 **E-mail** saramin@netsgo.com
Homepage www.saramin.com

책값은 뒤표지에 있습니다.
파본은 바꾸어 드립니다.

ⓒ 한일 2013

ISBN
978-89-6049-368-1 13740
978-89-6049-286-8(set)

사람이 중심이 되는 세상, 세상과 소통하는 책 사람in

영어
라이팅 훈련
실천 확장 워크북 ②

사람in

Preface

외국어 습득의 끝은 그 나라 말로 글을 쓸 수 있는가입니다. 글이 없었다면, 시, 소설, 수필 등 수많은 문학 작품들이 지금까지 남아 있지 않겠죠. 글을 쓰기 위해 사용하는 단어들은 기억하기 쉬운 철자와 발음으로 진화했고, 그 단어들은 전달하는 내용의 일관성을 지니기 위해 각각 자신에게 가장 좋은 자리를 정해 놓기 시작했습니다. 이렇게 철자와 단어가 오는 자리가 정해지면서 한번 쓰여진 글은 수 세대를 거쳐 내려오면서도 동일한 메시지를 전달할 수 있는 체계를 잡게 된 것입니다.

우리가 외국어를 배운다는 것은 각 단어가 메시지를 전달하기 위해 가장 좋은 위치라고 선정한 그 자리를 익히는 것이라고 할 수 있습니다. 이것을 다른 말로는 '문법'이라고도 하지요. '문법'이라는 용어가 학습자들에게는 부담스러운 용어이긴 하지만 이것이 있기 때문에 우리는 원하는 메시지를 올바로 전달할 수 있는 것입니다.

〈영어 라이팅 훈련 실천 확장 워크북〉 시리즈는 〈영어 라이팅 훈련 실천 다이어리〉 시리즈와 동일한 필수 문법 포인트 75개를 사용하여 쓰기 훈련을 합니다. 우리가 영어로 말을 하거나 글을 쓸 때 가장 자주 쓰게 되는 필수 문법 사항들만 뽑은 이 75개의 문법 포인트로 문장을 쓸 수 있어야 비로소 영어로 문장을 쓸 수 있다고 말할 수 있습니다. 문장의 뼈대를 이루는 필수 문법 포인트들을 가지고 문장 쓰기 연습을 충분히 하면서 각 단어가 수천 번의 시행착오를 거쳐 가장 안정적인 위치에 자리 잡혀 있는 것을 익히도록 하세요.

우리나라 영어 라이팅 교육에서 가장 많이 사용되고 있는 교수법은 Translation(번역)과 Discourse Completion Task(빈칸 채우기)입니다. 개인적으로 〈영어 라이팅 훈련 실천 확장 워크북〉 시리즈를 통해 기존의 방식에 비해 학습자와 교사가 영어 라이팅을 좀 더 가깝고 쉽게 느낄 수 있는 다른 학습법을 책으로 소개할 수 있게 된 것에 의미가 크다고 봅니다. 들으면 생소할 수 있는 Substitution Table(바꿔 쓰기), Add Detail(살 붙여 쓰기), Questioning(질문&답변 문장 만들기), Perfect Sentence(완벽한 문장 쓰기), Speed Writing(빨리 쓰기)과 같은 이 책의 훈련 과정들이 모두 Writing 학습법을 대변하고 있고 여러분의 영어 라이팅 실력 향상에 많은 도움이 되는 방법들입니다. 말하기와 쓰기의 중요성이 점차 높아지고 있는 요즘, 교사와 학습자 모두가 라이팅 학습을 재미있는 영역으로 받아들이고 더 다양한 방법으로 Writing 학습에 도전할 수 있게 되기를 바랍니다.

저자 한일

〈영어 라이팅 훈련 실천 확장 워크북〉 시리즈엔
뭔가 특별한 것이 있다!

75개 문법 포인트를 기반으로 한 총 3권 100개 Training

〈영어 라이팅 훈련 실천 확장 워크북〉 시리즈는 뼈대 문장을 이루는 문법 포인트별로 분류되어 총 3권, Book 1 30개 Training, Book 2 30개 Training, Book 3 40개 Training으로 총 100개 unit으로 구성되어 있습니다. 문법 포인트의 난이도가 조금씩 올라가므로 문장의 구조도 자연스럽게 조금씩 복잡해지지만 난이도의 차이가 크지 않아 학습자가 훈련하기를 원하는 부분을 골라서 훈련하는 것도 가능합니다.

〈영어 라이팅 훈련 실천 다이어리〉 시리즈와 연계 지속 학습 가능

〈영어 라이팅 훈련 실천 확장 워크북〉 시리즈는 먼저 출간된 〈영어 라이팅 훈련 실천 다이어리〉 시리즈와 동일한 75개의 문법 포인트를 기반으로 더욱 다양한 문장들을 단기간에 많이 써 보는 훈련을 할 수 있도록 구성되었습니다. 다루는 문법 포인트의 순서도 동일하게 함으로써 두 라인의 교재를 연계 학습할 수 있도록 하였습니다. 즉, 〈영어 라이팅 훈련 실천 다이어리〉 1~3권으로 훈련한 후, 보충 심화 훈련 과정으로 〈영어 라이팅 훈련 실천 확장 워크북〉을 활용할 수 있습니다. 〈영어 라이팅 훈련 실천 다이어리〉는 문장 확장 방식의 쓰기 훈련이며, 〈영어 라이팅 훈련 실천 확장 워크북〉은 뼈대 문장을 활용해 다양한 문장을 만들고 이 문장을 여러 문장으로 확장하여 짧은 문단 쓰기가 가능해지도록 하였으므로 '실천 확장 워크북'의 난이도가 더 높아 '실천 다이어리'를 먼저 학습한 후, '실천 확장 워크북'으로 넘어가는 것이 좋습니다.

쓰기에 저절로 재미를 붙이게 하는 5-step 라이팅

바꿔 쓰기 → 살 붙여 쓰기 → 다시 쓰기 → 질문&답변 문장 만들기 → 완벽한 문장 쓰기로 이어지는 5-step 라이팅 훈련을 한 후, 마지막으로 스피드 라이팅으로 마무리 복습 훈련을 함과 동시에 문장 체득률을 체크해 볼 수 있도록 하였습니다. 문장 쓰기 훈련에 그치지 않고 세 문장으로 이루어진 짧은 문단 쓰기에 도전하도록 하여 문단 쓰기의 첫걸음을 뗄 수 있게 하였습니다.

자기주도형 독습용으로도, 수업용으로도 모두 OK

〈영어 라이팅 훈련 실천 확장 워크북〉은 독습용, 학원 수업 및 과제 용도로 모두 활용 가능하도록 학습 과정을 구성하였습니다. 수업용으로 활용할 시, Writing Work 1, 2, 4는 교사와 학생이 함께 해보고, Writing Work 3, 5는 혼자 스스로 하는 학습을 위한 과제로 활용할 수 있습니다.

영어 라이팅 강자로 만들어 주는
학습 로드맵

〈영어 라이팅 훈련 실천 다이어리〉 시리즈와 함께 활용하면 100일 이상 연계 지속 훈련이 가능합니다!

step 1 영어 라이팅 훈련 실천 다이어리 시리즈
75개 문법 포인트를 기반으로 문장 확장 방식을 도입한 100일 쓰기 훈련북

Story Writing 30일　　E-mail Writing 30일　　Essay Writing 40일

step 2 영어 라이팅 훈련 실천 확장 워크북 시리즈
100일 실천을 확장, 심화하여 75개 문법 포인트를 기반으로 더 다양한 문장 쓰기에 도전하고 짧은 문단 쓰기까지 도전해 보는 5-step 라이팅 워크북

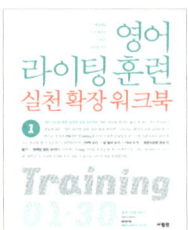  

학습 제안

plan A　〈영어 라이팅 훈련 실천 다이어리〉 1~3권을 모두 학습한 후, 〈영어 라이팅 훈련 실천 확장 워크북〉 1~3권의 더욱 다양한 문장으로 심화 훈련합니다.

plan B　〈영어 라이팅 훈련 실천 다이어리〉의 각 Day(한 unit)가 끝날 때마다 〈영어 라이팅 훈련 실천 확장 워크북〉의 더욱 다양한 문장으로 보충 심화 훈련합니다. (Ex. 실천 다이어리 Day 1 + 실천 확장 워크북 Training 1) 수업에서 교재로 사용할 시에는 〈영어 라이팅 훈련 실천 확장 워크북〉을 과제용으로 활용할 수 있습니다.

plan C　〈영어 라이팅 훈련 실천 다이어리〉 1권의 학습을 끝마치고 〈영어 라이팅 훈련 실천 확장 워크북〉 1권을 학습한 후, 다음 단계인 〈영어 라이팅 훈련 실천 다이어리〉 2권 학습으로 넘어갑니다.

〈영어 라이팅 훈련 실천 확장 워크북〉
훈련 과정 & 활용법

바꿔 쓰기 SUBSTITUTION table   writing WORK 01

영어는 '고정 언어(Fixed Language)'라고 합니다. 즉, 어떤 단어 뒤에 어떤 단어가 올지 정해져 있는 언어라는 말입니다. '바꿔 쓰기(Substitution Table)'는 고정되어 있는 순서를 지키면서 단어만 바꾸어서 새로운 문장을 만드는 연습을 하는 단계입니다. 이 연습을 많이 하면 어휘력과 내용 창조력이 좋아집니다. 문장 하나를 쓸 수 있다는 것은 다른 수많은 문장을 만들 수 있는 잠재력을 가지고 있다는 말과 같으며 바꿔 쓰기 단계가 그 능력을 키워 줄 것입니다.

활용법 상단에 주어진 대표 문장을 보고 각 대표 문장과 똑같은 구조의 문장을 핵심 단어(key word)만 바꿔서 쓰기 훈련합니다. 대표 문장 하나 당 2개씩의 도전 문장이 주어지며, 바로 옆에 주어진 핵심 단어가 어렵다면, 우측 하단에 나와 있는 second hint를 통해 단어의 뜻을 확인하고 써 보세요.

살 붙여 쓰기 ADD detail   writing WORK 02

'Writing Work 1 바꿔 쓰기'에서 살펴본 각 뼈대 문장이 주어지고, 그 앞뒤에 일어날 수 있는 상황을 상상하여 아이디어를 더해 세 문장으로 구성된 짧은 문단을 만들어 보는 순서입니다. Writing을 할 때 무엇을 쓸지 아이디어가 없어서 문장을 못 만드는 경우, 앞뒤에 일어날 수 있는 상황을 생각해보면 더 많은 문장을 만들어 낼 수 있습니다. 게다가 앞뒤에 덧붙는 문장들은 뼈대 문장의 내용을 쉽게 기억하게 하는 역할도 합니다. '살 붙여 쓰기(Add Detail)' 훈련을 통해 한 문장을 더 길고 자세한 내용을 담아 여러 문장으로 확장하는 능력을 키우고 문단 쓰기의 첫걸음을 떼어 보세요.

활용법 단어나 구 단위로 쪼개어져 순서가 섞여 있는 패널들을 어순에 맞게 재배열하여 주어진 뼈대 문장의 앞뒤에 문장을 추가해 살을 붙여 보세요. 세 문장 모두 완성하여 빈칸에 한 줄씩 각각 쓴 문장을 모으면 문단의 가장 최소 단위라 할 수 있는 세 문장으로 이루어진 짧은 문단이 만들어집니다.

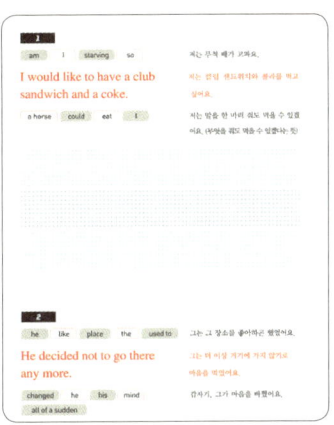

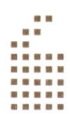

writing WORK 03 다시 쓰기 write AGAIN

쓰기는 질적인 연습(Quality Practice)보다 양적인 연습(Quantity practice)이 더 효과적입니다. 즉, 잘 쓰고 싶다면 많이 쓰라는 것입니다. '살 붙여 쓰기'에서 썼던 문장들을 다시 이어서 쓰기 연습함으로써 각 문장을 모아 짧은 단락(paragraph)을 구성할 수 있음을 체득할 수 있습니다. 각 문장을 하나의 흐름을 가지고 연속해서 쓰는 경우, 전체가 하나의 내용 덩어리가 되어 한꺼번에 기억하기 쉽고 나중에 다른 글을 쓸 때도 한 두 문장만 쓰고 막히는 일이 없도록 도와줄 것입니다.

활용법 'Writing Work 2 살 붙여 쓰기'에서 써 본 각 문장들을 죽 이어서 짧은 문단을 쓰는 느낌으로 가급적 빨리 써 봅시다. 이때, 앞에서 써 본 문장들을 보지 말고 주어진 우리말 해석만 보고 최대한 기억해 내어 단숨에 써내려 가세요.

writing WORK 04 질문&답변 문장 만들기 QUESTIONing

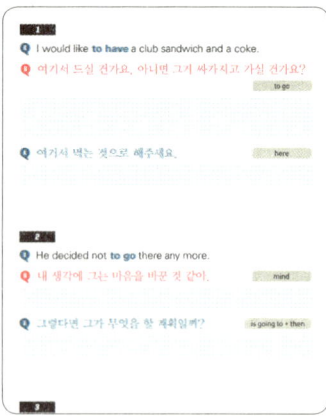

하루 일과는 What time is it?, Who is it?, Why do you think so?, When was it? Where are you? 등과 같은 wh- question으로 가득 차 있습니다. 그러므로 wh- question을 유창하게 쓰고 말할 수 있어야 하는 것은 당연한 말이겠죠. wh- question 역시 앞뒤 상황 속에서 사용되므로 흐름상 가장 적절한 wh- question을 만드는 연습을 해야 합니다. 앞에서 훈련한 대표 문장의 뼈대를 활용하여 질문과 답변 문장을 만들어 봄으로써 쓰기 훈련한 문장들을 일상 회화에도 적용할 수 있는 능력을 키울 수 있습니다.

활용법 앞에서 훈련한 뼈대 문장을 활용하여 일상 회화에서 자주 쓰이는 질문과 답변 문장을 만들어 봅시다. 부록으로 제공되는 MP3 파일 음원을 들으면서 써 본 문장의 말하기 훈련도 병행하여 라이팅과 스피킹을 연계 훈련하세요.

〈영어 라이팅 훈련 실천 확장 워크북〉
훈련 과정 & 활용법

완벽한 문장 쓰기 PERFECT sentence

연습(practice)은 실수(mistake)를 허락하고 그것을 통해서 배우지만, 실전(test)은 실수를 용납하지 않습니다. 그래서 연습만 하면 실수하는 것에 대한 심각성을 자각하지 못하는 경우가 있습니다. 그러므로 실전과 비슷한 상황에서 스스로 테스트해 보는 것이 중요한데요, Perfect Sentence가 그것을 도와주는 순서입니다. 쉬운 문장을 쓰더라도 반드시 100% 완벽하다고 보장할 수 있는 문장만을 써야 합니다. 어려운 문장을 써서 틀릴 바에야 쉽게 쓰고 맞는 문장을 쓰도록 합시다. Perfect Sentence는 자신의 실력으로 어디까지 맞는 문장을 쓸 수 있는지 보여 주고 실전 라이팅 시험에 대한 두려움을 줄여 줄 것입니다.

활용법 4단계에 걸쳐 뼈대 문장 쓰기 훈련을 했다면 이번에는 지금까지 숙지한 문장 구조와 주어진 어구를 활용하여 내가 만들고 싶은 문장을 만들어 봅시다. 단, 문법적 오류가 없는 100% 완벽한 문장을 쓰도록 최대한 노력해야 된다는 것을 잊지 마세요! 답안에는 샘플 문장이 두 개씩 주어집니다.

writing WORK 05

별책 빨리 쓰기 SPEED WRITING

본 교재에서 문장 쓰기에 도전할 때 걸린 시간보다 짧은 시간 내에 쓸 수 있도록 훈련해야 합니다. 그래야 정확성과 유창성이 향상되기 때문이죠. 했던 것을 반복할 때 우리는 숙달되게 되는데 이 숙달의 정도를 판단할 수 있는 것이 바로 '속도'와 '정확성'입니다. Speed Writing은 '숙련도+정확성+유창성'을 높이는 데 탁월한 효과가 있습니다. 훈련한 문장들을 재빨리 기억해 내어 더 빨리 쓰기 훈련을 함으로써 내용 기억을 강화하고 앞서 훈련한 문장들의 체득률을 점검할 수 있습니다.

활용법 본책에서 훈련한 문장들을 모아 최종적으로 스피드 라이팅 훈련을 해 봅니다. '속도'와 '정확성', 두 마리의 토끼를 모두 잡을 수 있도록 제한 시간 내에 최대한 집중하여 머릿속에 입력된 문장들을 재빨리 출력(output)할 수 있도록 노력하세요. 수업용으로 활용할 때는 스피드 라이팅 훈련북을 과제나 테스트용으로 활용할 수 있습니다.

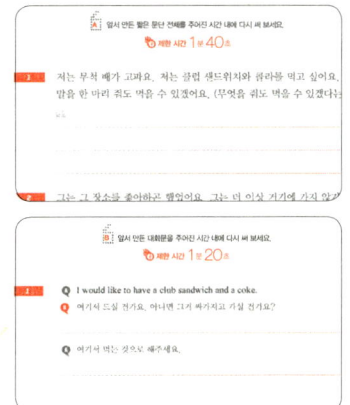

Speed Writing

▶ **문장 익힘 MP3 파일 다운로드** 사람in 홈페이지 www.saramin.com에서 무료로 제공하고 있는 '문장 익힘 MP3 파일'을 다운로드 받는 것도 잊지 마세요! Speed Writing에 수록된 모든 문장들을 네이티브 스피커의 음성으로 확인할 수 있습니다. 손으로 써 본 문장을 음성으로 듣고 여러 번 소리 내어 따라 읽으면 확실히 나의 문장으로 만들 수 있겠죠. 문장을 손으로 익히고 귀로 익히고 입으로도 익히세요!

Curriculum

Unit	Target Grammar	Example Sentence
Training 31	to부정사의 목적격	I would like to have a club sandwich and a coke.
Training 32	to부정사의 주격	To love is to be patient.
Training 33	동명사 -ing: 주격, 목적격	Finding places around here is easy for me.
Training 34	to부정사, in order to, 전치사 to를 한 문장에 쓰기	He decided to walk to school in order to save money.
Training 35	Review & Practice : 이메일 답장 내용 추측/상상해서 쓰기 (1)	
Training 36	형용사+to부정사	It is not easy to get used to living here.
Training 37	too ~ to ... 구문	I am too busy to answer every call.
Training 38	enough to ~	You are old enough to know better.
Training 39	정형화된 동명사 표현들	Nowadays, more people than ever go camping on their vacation.
Training 40	가주어 It	It's difficult for me to speak in front of many people.
Training 41	Review & Practice : 이메일 확장해서 쓰기	
Training 42	지각동사	I saw you put your iPhone in the bag.
Training 43	사역동사	His success made him start his life anew.
Training 44	동사+목적격 대명사+to부정사	Sam is the only one who can persuade her to do this.
Training 45	remember, regret, forget 뒤에 to부정사와 동명사 구분해서 쓰기	Remember to bring your homework with you. Yes. I remembered bringing my homework with me.

Review & Practice에서는 앞서 훈련한 문장들을 빈칸 채우기 하면서 복습해 봄과 동시에 실전 적용 능력을 키울 수 있도록 '서술형 과제'가 하나씩 주어집니다.

Unit	Target Grammar	Example Sentence
Training 46	자주 사용되는 조동사 1	Don't worry. He can handle the problem by himself.
Training 47	자주 사용되는 조동사 2	We may visit our grandmother during this vacation.
Training 48	자주 사용되는 조동사 3	I will be working at that time.
Training 49	Review & Practice : 이메일 답장 내용 추측/상상해서 쓰기 (2)	
Training 50	반대 사실을 나타내는 '조동사+have+과거분사'	I should have listened to her.
Training 51	두 가지 상황 비교해서 쓰기	I would rather see this drama than the one you mentioned.
Training 52	부사절 1	10 a.m. is the time when I get up during summer vacation.
Training 53	부사절 2	Although she was not using her camera, she did not let me use it.
Training 54	부사절을 부사구로 바꿔서 쓰기	Before making a reservation at the restaurant, why don't you check the price?
Training 55	Review & Practice : 사물 묘사하기	
Training 56	가정법 현재 1	I wonder if it will happen or not.
Training 57	가정법 현재 2	If you want to enter here, you should present your identification card.
Training 58	가정법 과거	If I had enough money, I would buy that house.
Training 59	가능한 일과 불가능한 일 표현하기	I hope I can find the right position for me.
Training 60	Review & Practice : 대화 내용 요약하기	

〈영어 라이팅 훈련 실천 확장 워크북〉
훈련 플래너

📙 본 교재

Training 31	Training 32	Training 33	Training 34	Training 35 Review	Training 36
월 일 ⏰ : ~ :	월 일 ⏰ : ~ :	월 일 ⏰ : ~ :	월 일 ⏰ : ~ :	월 일 ⏰ : ~ :	월 일 ⏰ : ~ :
Training 37	Training 38	Training 39	Training 40	Training 41 Review	Training 42
월 일 ⏰ : ~ :	월 일 ⏰ : ~ :	월 일 ⏰ : ~ :	월 일 ⏰ : ~ :	월 일 ⏰ : ~ :	월 일 ⏰ : ~ :
Training 43	Training 44	Training 45	Training 46	Training 47	Training 48
월 일 ⏰ : ~ :	월 일 ⏰ : ~ :	월 일 ⏰ : ~ :	월 일 ⏰ : ~ :	월 일 ⏰ : ~ :	월 일 ⏰ : ~ :
Training 49 Review	Training 50	Training 51	Training 52	Training 53	Training 54
월 일 ⏰ : ~ :	월 일 ⏰ : ~ :	월 일 ⏰ : ~ :	월 일 ⏰ : ~ :	월 일 ⏰ : ~ :	월 일 ⏰ : ~ :
Training 55 Review	Training 56	Training 57	Training 58	Training 59	Training 60 Review
월 일 ⏰ : ~ :	월 일 ⏰ : ~ :	월 일 ⏰ : ~ :	월 일 ⏰ : ~ :	월 일 ⏰ : ~ :	월 일 ⏰ : ~ :

훈련 날짜를 기록하면서 하루도 빠뜨리지 말고 라이팅 훈련하세요!

🔖 Speed Writing

Training 31	Training 32	Training 33	Training 34	Training 35 Review	Training 36
월 일 ⏰ : ~ :	월 일 ⏰ : ~ :	월 일 ⏰ : ~ :	월 일 ⏰ : ~ :	월 일 ⏰ : ~ :	월 일 ⏰ : ~ :
Training 37	Training 38	Training 39	Training 40	Training 41 Review	Training 42
월 일 ⏰ : ~ :	월 일 ⏰ : ~ :	월 일 ⏰ : ~ :	월 일 ⏰ : ~ :	월 일 ⏰ : ~ :	월 일 ⏰ : ~ :
Training 43	Training 44	Training 45	Training 46	Training 47	Training 48
월 일 ⏰ : ~ :	월 일 ⏰ : ~ :	월 일 ⏰ : ~ :	월 일 ⏰ : ~ :	월 일 ⏰ : ~ :	월 일 ⏰ : ~ :
Training 49 Review	Training 50	Training 51	Training 52	Training 53	Training 54
월 일 ⏰ : ~ :	월 일 ⏰ : ~ :	월 일 ⏰ : ~ :	월 일 ⏰ : ~ :	월 일 ⏰ : ~ :	월 일 ⏰ : ~ :
Training 55 Review	Training 56	Training 57	Training 58	Training 59	Training 60 Review
월 일 ⏰ : ~ :	월 일 ⏰ : ~ :	월 일 ⏰ : ~ :	월 일 ⏰ : ~ :	월 일 ⏰ : ~ :	월 일 ⏰ : ~ :

BOOK 2의 훈련을 모두 완수하였다면 여기서 포기하지 말고 BOOK 3에 도전해 봅시다!

to부정사의 목적격

이번 과에서는 to부정사를 동사의 목적어로 사용하여 문장을 만드는 훈련을 해 봅니다.

다음 문법 지식을 알아두면
문장을 만들 때 훨씬 쉽게 만들 수 있습니다.

TARGET GRAMMAR

to부정사 목적격 to부정사(to+동사원형)는 문장 안에서 동사의 목적어로 사용될 수 있다. 주로 '~하는 것을, ~하기를'로 해석된다.

동사 – **to부정사**

Ex. Some people like **to read** adventure novels.
어떤 사람들은 모험 소설을 읽는 것을 좋아해요.

to부정사 목적격의 위치 목적격 to부정사는 동사 뒤 목적어 자리에 쓴다.

1

I would like to have a club sandwich and a coke.
저는 클럽 샌드위치와 콜라를 먹고 싶어요.

도전 문장 ❶ 저는 그 수프를 **맛보고** 싶어요. `taste`

....

도전 문장 ❷ 저는 그것을 인터넷으로 **주문하고** 싶어요. `order`

....

2

He decided not to go there any more.
그는 더 이상 거기에 가지 않기로 마음을 먹었어요.

도전 문장 ❶ 그는 그것을 **모르는 척** 했어요. `pretended`

....

도전 문장 ❷ 그는 **들어가는 것을** 망설였어요. `hesitated`

....

3

Some people refused to move their seats.
몇몇 사람들은 그들의 자리를 옮기는 것을 거부했어요.

도전 문장 ❶ 몇몇 사람들은 그 조건을 **받아들이는 것**에 동의했어요. `condition`

....

도전 문장 ❷ 당신은 여기에 정시에 **오기로** 약속했잖아요. `on time`

....

SUBSTITUTION table

바꿔 쓰기

주어진 문장을 참고하여 단어를 바꿔서 새로운 문장을 만들어 보세요.

Second Hint

1
taste 맛보다
order 주문하다

2
pretend ~인 척하다
hesitate 망설이다

3
accept 받아들이다
condition 조건
promise 약속하다
on time 정시에

writing WORK 02

ADD detail

살 붙여 쓰기

내용상 흐름이 자연스럽게 이어지도록 주어진 문장의 앞과 뒤에 문장을 추가해 짧은 문단을 만들어 보는 순서입니다.
주어진 단어를 순서에 맞게 배열하여 완성 문장을 만들어 보세요.

1

`am` `I` `starving` `so`

I would like to have a club sandwich and a coke.

`a horse` `could` `eat` `I`

저는 무척 배가 고파요.

저는 클럽 샌드위치와 콜라를 먹고 싶어요.

저는 말을 한 마리 줘도 먹을 수 있겠어요. (무엇을 줘도 먹을 수 있겠다는 뜻)

2

`he` `like` `place` `the` `used to`

He decided not to go there any more.

`changed` `he` `mind` `his`
`all of a sudden`

그는 그 장소를 좋아하곤 했어요.

그는 더 이상 거기에 가지 않기로 마음을 먹었어요.

갑자기, 그가 마음을 바꿨어요.

Second Hint

1
starving 배고픈

—

2
all of a sudden 갑자기

writing WORK 02
ADD detail

3

`asked` `people` `the guide` `to the left` `to move`

그 가이드가 사람들에게 왼쪽으로 옮기라고 부탁을 했어요.

Some people refused to move their seats.

몇몇 사람들은 그들의 자리를 옮기는 것을 거부했어요.

`didn't` `give away` `good` `their` `they` `seats` `want to`

그들은 자신들의 좋은 자리를 양보하고 싶지 않았던 거예요.

Second Hint

3
move 옮기다
refuse 거절하다
give away
줘버리다, 양보하다

writing WORK 03

write AGAIN
다시 쓰기

앞서 만든 짧은 문단 전체를 이어서 다시 써 보세요.

1

저는 무척 배가 고파요. 저는 클럽 샌드위치와 콜라를 먹고 싶어요. 저는 말을 한 마리 줘도 먹을 수 있겠어요. (무엇을 줘도 먹을 수 있겠다는 뜻)

2

그는 그 장소를 좋아하곤 했어요. 그는 더 이상 거기에 가지 않기로 마음을 먹었어요. 갑자기, 그가 마음을 바꿨어요.

3

그 가이드가 사람들에게 왼쪽으로 옮기라고 부탁을 했어요. 몇몇 사람들은 그들의 자리를 옮기는 것을 거부했어요. 그들은 자신들의 좋은 자리를 양보하고 싶지 않았던 거예요.

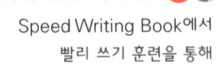

여기서 끝이 아니다!
Speed Writing Book에서
빨리 쓰기 훈련을 통해
★ 완전히 내 것으로 소화시키세요.

writing WORK 04

QUESTIONing

질문 & 답변 문장 만들기

Wh- question 또는 일반의문문의 문장을 만들어 보세요. 그런 다음 그 질문에 답하는 문장을 써 보세요.

1

Q I would like **to have** a club sandwich and a coke.

B 그거 여기서 드실 건가요, 아니면 싸가지고 가실 건가요? `to go`

Q 여기서 먹는 것으로 해주세요. `here`

2

Q He decided not **to go** there any more.

B 내 생각에 그는 마음을 바꾼 것 같아. `mind`

Q 그렇다면 그가 무엇을 할 계획일까? `is going to • then`

3

Q Some people refused **to move** their seats.

B 왜냐하면 그건 그들이 제일 전망이 좋은 자리를 지키고 싶었기 때문이야. `keep • great view`

Q 그래서 너는 어디에 자리를 잡았는데? `have a seat`

Second Hint

1
to go (음식을) 싸가지고 가다

3
view 전망

Training 31 to부정사의 목적격

writing WORK 05

PERFECT sentence

완 벽 한 문장 쓰기

'to부정사의 목적격'을 사용하여 문법상 오류가 없는 완벽한 문장을 만들어 보세요.

1 advise to

2 promise to

3 decide to

4 expect to

5 plan to

Training 32
to부정사의 주격

이번 과에서는 to부정사를 문장의 주어로 사용하여 문장을 만드는 훈련을 해 봅니다.

다음 문법 지식을 알아두면
문장을 만들 때 훨씬 쉽게 만들 수 있습니다.

TARGET GRAMMAR

to부정사 주격 to부정사(to+동사원형)를 문장의 주어로 사용하는 경우로, 주로 '~하는 것은, ~하는 것이'로 해석된다.

to부정사구 – **be동사**

Ex. **To do** this for poor people is meaningful for this community.
그 가난한 사람들을 위해서 이것을 **하는** 것은 이 지역사회에 의미가 있어요.

to부정사 주격의 위치 주격 to부정사는 동사 앞 주어 자리에 위치한다.

writing WORK

SUBSTITUTION table

바꿔 쓰기

주어진 문장을 참고하여 단어를 바꿔서 새로운 문장을 만들어 보세요.

1

To love is to be patient.
사랑하는 것은 인내하는 것이에요.

도전 문장 ❶ 용서하는 것은 잊어버려주는 것이에요.　　　　　　　　　forgive

도전 문장 ❷ 그것을 사주는 것이 저를 도와주는 거예요.　　　　　　　　buy

2

To check the hours of operation is the next thing to do.
영업 시간을 확인하는 것이 그 다음에 할 일이에요.

도전 문장 ❶ 사람들을 만나는 것이 제 일 중의 일부분이에요.　　　　　a part of

도전 문장 ❷ 공부를 하지 않는 것이 문제를 야기시킬 거예요.　　　　　cause

3

To study now or to study later is your decision.
지금 공부할 것인지 아니면 나중에 공부할 것인지는 당신의 결정이에요.

도전 문장 ❶ 지금 가든 나중에 가든 당신에게 달려 있어요.　　　　　　up to

도전 문장 ❷ 사이즈를 바꾸는 것에는 비용이 더 들 거예요.　　　　　　cost

Second Hint

1
patient 인내하는

2
the hours of operation 영업 시간

3
later 나중에
decision 결정
up to ~에 달려 있는
cost 비용이 들다

writing WORK 02

ADD detail

살 붙여 쓰기

내용상 흐름이 자연스럽게 이어지도록 주어진 문장의 앞과 뒤에 문장을 추가해 짧은 문단을 만들어 보는 순서입니다.
주어진 단어를 순서에 맞게 배열하여 완성 문장을 만들어 보세요.

1

`before` `have loved` `I` `someone`

To love is to be patient.

`have learned` `I` `is` `that` `what`

저는 전에 누군가를 사랑한 적이 있어요.

사랑하는 것은 인내하는 것이에요.

그것이 제가 배운 거예요.

2

`decide` `first` `go` `need to` `to` `where` `you`

To check the hours of operation is the next thing to do.

`a reservation` `and then` `for` `make` `party` `your`

우선, 당신들이 어디에 가기를 원하는지 정할 필요가 있어요.

영업 시간을 확인하는 것이 그 다음에 할 일이고요.

그런 다음 당신의 단체를 위해서 예약을 하세요.

Second Hint

1
patient 인내하는, 인내심 있는

―

2
make a reservation 예약하다

23
Training **32 to부정사의 주격**

3

`and` `just` `decide` `follow` `will` `I` `you`

당신이 결정하면 저는 그냥 따라갈게요.

To do it now or to do it later is your decision.

그것을 지금 하든 또는 나중에 하든 그건 당신의 결정이에요.

`responsibility` `either way` `take` `for` `it` `we`

어느 쪽이든, 그것에 대해 우리가 책임을 지면 돼요.

Second Hint

3
either way 어느 쪽이든
responsibility 책임

writing WORK 03

write AGAIN
다시 쓰기
앞서 만든 짧은 문단 전체를 이어서 다시 써 보세요.

1

저는 전에 누군가를 사랑한 적이 있어요. 사랑하는 것은 인내하는 것이에요. 그것이 제가 배운 거예요.

2

우선, 당신들이 어디에 가기를 원하는지 정할 필요가 있어요. 영업 시간을 확인하는 것이 그 다음에 할 일이고요. 그런 다음 당신의 단체를 위해서 예약을 하세요.

3

당신이 결정하면 저는 그냥 따라갈게요. 그것을 지금 하든 또는 나중에 하든 그건 당신의 결정이에요. 어느 쪽이든, 그것에 대해 우리가 책임을 지면 돼요.

여기서 끝이 아니다!
Speed Writing Book에서
빨리 쓰기 훈련을 통해
완전히 내 것으로 소화시키세요.

writing WORK

QUESTIONing

질문 & 답변 문장 만들기

Wh- question 또는 일반의문문의 문장을 만들어 보세요. 그런 다음 그 질문에 답하는 문장을 써 보세요.

1

Q **To love** is to be patient.

B 이런 상황 속에서 어떻게 참아?   `possibly`

A 그게 힘들다는 거 알아.   `hard`

2

Q **To check the hours of operation** is the next thing to do.

B 그걸 어떻게 확인하지?   `check`

A 전화해서 물어보면 되지.   `call`

3

Q **To do it now or to do it later** is your decision.

B 무엇이 더 낫다고 생각하니?   `better`

A 지금 그걸 하는 것.

Second Hint

1
possibly 아마, 도저히

writing WORK

05

PERFECT sentence

완벽한 문장 쓰기

'to부정사의 주격'을 사용하여 문법상 오류가 없는 완벽한 문장을 만들어 보세요.

1 To stay / To tell

2 To meet / To prejudge

3 To sleep / To wake up

4 To forgive / To be

5 To go / To open

Training 32 to부정사의 주격

동명사 -ing: 주격, 목적격

이번 과에서는 동명사를 문장의 주어나 목적어로 사용하여 문장을 만드는 훈련을 해 봅니다.

다음 문법 지식을 알아두면
문장을 만들 때 훨씬 쉽게 만들 수 있습니다.

TARGET GRAMMAR

동명사   동사원형에 -ing를 붙여서 만든다. 문장의 주어나 목적어로 사용할 수 있다.

목적격 동명사   동명사를 문장 안에서 목적어로 사용한 것이다. 주로 '~하는 것을'로 해석된다.
`동사` – `동명사`
Ex. I enjoy **traveling** in Southeast Asian countries. 저는 동남아시아를 **여행하는 것을** 즐겨요.

주격 동명사   동명사를 문장 안에서 주어로 사용한 것이다. 주로 '~하는 것은, ~ 하는 것이'로 해석된다.
`동명사구` – `be동사`
Ex. **Traveling in Southeast Asian countries** is fun.
동남아시아를 여행하는 것은 재미있어요.

writing WORK 01

SUBSTITUTION table

바꿔 쓰기

주어진 문장을 참고하여 단어를 바꿔서 새로운 문장을 만들어 보세요.

1

Finding places around here is easy for me.
이 주변의 장소를 찾는 것이 저에게는 너무 쉬워요.

도전 문장 ❶ 이 근처에서 제 지갑을 찾는 것은 거의 불가능해요. **impossible**

도전 문장 ❷ 이 주변을 산책하는 것은 좋은 운동이 돼요. **taking a walk**

2

Making a profit is essential for this business.
소득을 내는 것이 이 사업에서 필수적이에요.

도전 문장 ❶ 향상되는 것을 느끼는 것이 당신의 동기부여를 위해 필수적이에요. **improvement • motivation**

도전 문장 ❷ 그에게 적절한 시기에 접근하는 것이 중요해요. **approaching**

1
take a walk 산책하다

2
profit 이익
essential 필수의
improvement 발전, 향상
motivation 동기 부여

Training 33 동명사 -ing: 주격, 목적격

writing WORK

SUBSTITUTION table

3

He has to quit smoking.
그는 담배를 끊어야만 해요.

도전 문장 ❶ 그는 계속해서 일을 해야만 해요.   `continue`

도전 문장 ❷ 저는 오른쪽으로 조금 움직이는 것에 대해 개의치 않아요.   `don't mind`

Second Hint

3
quit 끊다, 그만 두다
a little bit 조금

writing WORK 02

ADD detail

살 붙여 쓰기

내용상 흐름이 자연스럽게 이어지도록 주어진 문장의 앞과 뒤에 문장을 추가해 짧은 문단을 만들어 보는 순서입니다.
주어진 단어를 순서에 맞게 배열하여 완성 문장을 만들어 보세요.

1

[lived] [for] [here] [many] [I] [years] 전 여기서 수년간 살았어요.

Finding places around here is easy for me. 이 주변의 장소를 찾는 것이 저에게는 너무 쉬워요.

[any] [help] [ask] [if] [me] [need] [you] 만일 무슨 도움이 필요하시면 제게 물어보세요.

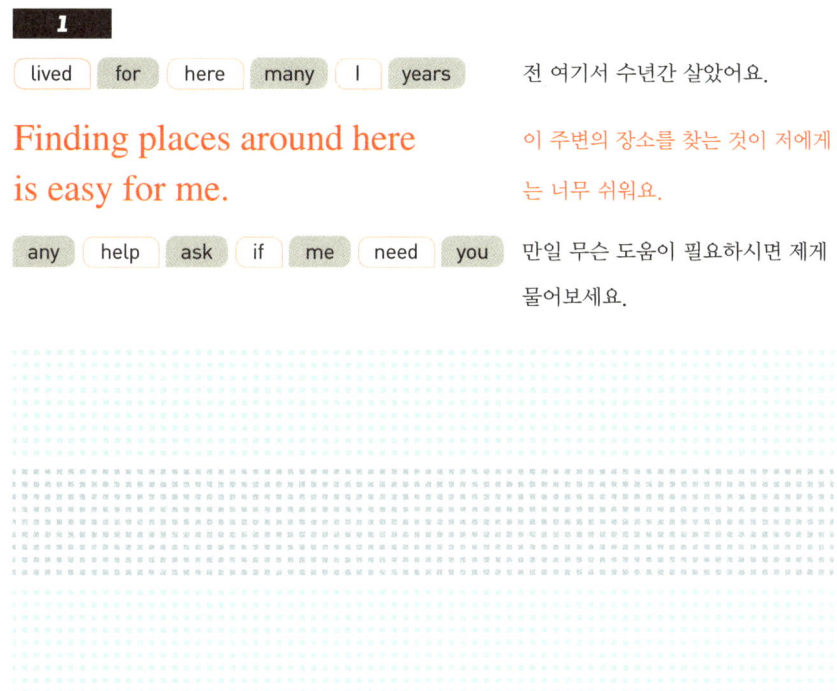

2

[a] [business] [has] [he] [just started] [new] 그는 새로운 사업을 시작했어요.

Making a profit is essential for this business. 수익을 내는 것이 이 사업에서 필수적이에요.

[everything] [hope] [work out] [I] [will] 모든 일이 잘 되시기를 바라요.

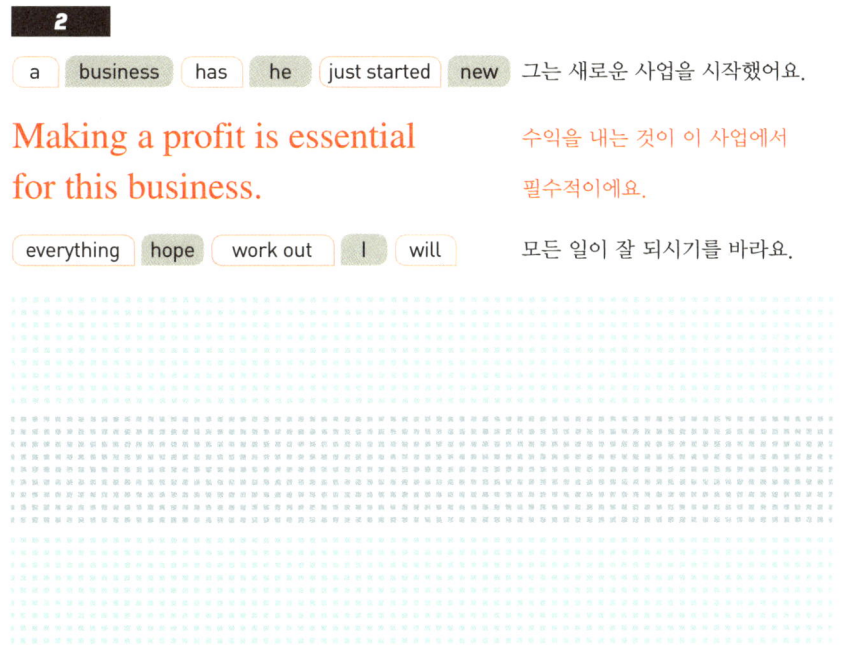

Second Hint

2

work out (일이) 잘 풀리다

writing WORK 02
ADD detail

3

a lot | he | smokes 그는 담배를 많이 피워요.

He has to quit smoking. 그는 담배를 끊어야만 해요.

habitually | smokes | he 그는 습관적으로 피워요.

Second Hint

3
habitually 습관적으로

writing WORK 03

write AGAIN

다시 쓰기

앞서 만든 짧은 문단 전체를 이어서 다시 써 보세요.

1

전 여기서 수년간 살았어요. 이 주변의 장소를 찾는 것이 저에게는 너무 쉬워요. 만일 무슨 도움이 필요하시면 제게 물어보세요.

2

그는 새로운 사업을 시작했어요. 수익을 내는 것이 이 사업에서 필수적이에요. 모든 것이 잘 되시기를 바라요.

3

그는 담배를 많이 피워요. 그는 담배를 끊어야만 해요. 그는 습관적으로 피워요.

여기서 끝이 아니다!
Speed Writing Book에서
빨리 쓰기 훈련을 통해
*완전히 내 것으로 소화시키세요.

Training 33 동명사 -ing: 주격, 목적격

writing WORK

QUESTIONing

질 문 &
답 변 문 장
만 들 기

Wh- question 또는 일반의문문의 문장을 만들어 보세요. 그런 다음 그 질문에 답하는 문장을 써 보세요.

1

Q **Finding places around here** is easy for me.

B 너는 이 지역에 익숙하니?　　　　　　　　　　[familiar]

Q 응, 난 여기에서 수년 동안 살고 있거든.　　　　[have been]

2

Q **Making a profit** is essential for this business.

B 요즘 수익을 좀 내고 있니?　　　　　　　　　　[any profit]

Q 점점 나아지고 있는 중이야.　　　　　　　　　　[getting]

3

Q He has to quit **smoking**.

B 그는 담배를 줄이고 있는 중이야.　　　　　　　　[reducing]

Q 언제부터?　　　　　　　　　　　　　　　　　　[since]

Second Hint

1
familiar 익숙한, 낯익은

writing WORK 05

PERFECT sentence

완벽한 문장 쓰기

'주격 또는 목적격 동명사'를 사용하여 문법상 오류가 없는 완벽한 문장을 만들어 보세요.

1 evaluating

2 watching

3 facing

4 setting

5 resuming

Training 33 동명사 -ing: 주격, 목적격

to부정사, in order to, 전치사 to를 한 문장에 쓰기

이번 과에서는 to부정사, in order to, 전치사 to를 한 문장 안에 쓰는 훈련을 해 봅니다.

다음 문법 지식을 알아두면
문장을 만들 때 훨씬 쉽게 만들 수 있습니다.

TARGET GRAMMAR

to + to + to to부정사(~하는 것)와 in order to(~하기 위하여), 전치사 to(~에)를 모두 한 문장에 쓸 수 있다.

in order to '~하기 위하여'의 뜻으로 주로 문장 뒤에 쓰인다. to부정사의 부사적 용법이다.
Ex. He tried **to guide** us **to** the right way **in order to** help us.
그는 우리를 돕기 위해서 우리를 옳은 길로 인도하려고 노력했어요.

1

He decided **to walk to school in order to** save money. 그는 돈을 아끼기 위해 학교에 걸어가기로 마음먹었어요.

도전 문장 ❶ 그는 새로운 문화를 경험하기 위해 일본으로 여행을 가기로 결정했어요.

`experience`

도전 문장 ❷ 그는 그 일을 논의하기 위해 그의 사무실로 오라고 제게 부탁했어요.

`discuss`

2

She volunteered **to participate in** the national event as an interpreter **in order to** help foreign players from many countries. 그녀는 많은 나라에서 온 외국 선수들을 돕기 위해 통역사로 그 국가 행사에 자원해서 참여했어요.

도전 문장 ❶ 그녀는 당신이 사실을 알게 하기 위해 이것을 당신에게 주기를 원해요.

`let • truth`

---

writing WORK

01

SUBSTITUTION table

바꿔 쓰기

주어진 문장을 참고하여 단어를 바꿔서 새로운 문장을 만들어 보세요.

Second Hint

1
save money 저축하다
experience 경험하다
discuss 논의하다, 토론하다
matter 문제, 일

2
volunteer 자원 봉사자; 자원 봉사로 하다
participate in ~에 참여하다
national event 국가 행사
interpreter 통역사
foreign 외국의

Training **34** to부정사, in order to, 전치사 to를 한 문장에 쓰기

writing WORK 01
SUBSTITUTION table

도전 문장 ❷ 모든 자원 봉사자들은 절차를 배우기 위해 그 세미나에 참석할 필요가 있어요.

`procedure`

3

To be honest, I lied **to him in order to** protect you. 솔직히, 저는 당신을 보호하기 위해 그에게 거짓말을 했어요.

도전 문장 ❶ 요약하자면, 더 많은 사람들이 그들의 시간을 보내기 위해 이 장소로 올 거예요.

`to sum up • spend`

도전 문장 ❷ 간단히 말해서, 그는 당신을 보호하기 위해 저를 당신에게 보낸 거예요.

`to be brief`

Second Hint

2
procedure 절차

3
protect 보호하다
sum up 요약하다
brief 간단한

1

[was] [away] [four] [stops] [the school]

그 학교는 (버스로) 네 정거장 거리였어요.

He decided to walk to school in order to save money.

그는 돈을 아끼기 위해 학교에 걸어가기로 마음 먹었어요.

[could] [use] [exercise] [he] [I] [the] [thought]

그는 운동 삼아 할 수 있을 거라고 생각했어요.

---

writing WORK

02

ADD detail

살 붙여 쓰기

내용상 흐름이 자연스럽게 이어지도록 주어진 문장의 앞과 뒤에 문장을 추가해 짧은 문단을 만들어 보는 순서입니다.
주어진 단어를 순서에 맞게 배열하여 완성 문장을 만들어 보세요.

2

[and] [active] [is] [she] [outgoing] [very]

그녀는 매우 외향적이고 활동적이에요.

She volunteered to participate in the national event as an interpreter in order to help foreign players from many countries.

그녀는 많은 나라에서 온 외국 선수들을 돕기 위해 통역사로 그 국가 행사에 자원해서 참여했어요.

[the event] [participating in] [is proud of] [she]

그녀는 그 행사에 참여하는 것을 자랑스러워하고 있어요.

Second Hint

1
exercise 운동하다

2
outgoing 외향적인
active 활동적인
be proud of 자랑스러워하다

writing WORK 02
ADD detail

3

(you) (it) (time) (to tell) (the truth) (is)

To be honest, I lied to him in order to protect you.

(me) (someday) (thank) (will) (You)

당신에게 사실을 말할 때가 되었어요.

솔직히, 저는 당신을 보호하기 위해 그에게 거짓말을 했어요.

당신은 언젠가 제게 고맙다고 할 거예요.

Second Hint

3
lie 거짓말하다

write AGAIN
다시 쓰기
앞서 만든 짧은 문단 전체를 이어서 다시 써 보세요.

1
그 학교는 (버스로) 네 정거장 거리예요. 그는 돈을 아끼기 위해 학교에 걸어가기로 마음 먹었어요. 그는 운동 삼아 할 수 있을 거라고 생각했어요.

2
그녀는 매우 외향적이고 활동적이에요. 그녀는 많은 나라에서 온 외국 선수들을 돕기 위해 통역사로 그 국가 행사에 자원해서 참여했어요. 그녀는 그 행사에 참여하는 것을 자랑스러워하고 있어요.

3

당신에게 사실을 말할 때가 되었어요. 솔직히, 저는 당신을 보호하기 위해 그에게 거짓말을 했어요. 당신은 언젠가 제게 고맙다고 할 거예요.

writing WORK 04

QUESTIONing

질문 & 답변 문장 만들기

Wh- question 또는 일반의문문의 문장을 만들어 보세요. 그런 다음 그 질문에 답하는 문장을 써 보세요.

1

Q He decided **to walk to school in order to** save money.

Q 왜 그가 돈을 모으고 있는 중이지? `saving`

....

Q 그 사람이 스노보드를 살 거라고 그러더라구. `said • would`

....

2

Q She volunteered **to participate in** the national event as an interpreter **in order to** help foreign players from many countries.

Q 그녀가 무슨 언어를 구사하는데? `what`

....

Q 한국어, 일본어 그리고 영어.

....

3

Q To be honest, I lied **to him in order to** protect you.

Q 무슨 거짓말을 했는데?

....

Q 네 나이에 대해 거짓말 했어. `about`

....

Training **34** to부정사, in order to, 전치사 to를 한 문장에 쓰기

writing WORK

PERFECT sentence

완벽한 문장 쓰기

'to부정사, in order to, 전치사 to'를 사용하여 문법상 오류가 없는 완벽한 문장을 만들어 보세요.

1 to fix, in order to

"_____
_____"

2 want to, in order to

"_____
_____"

3 to add, in order to

"_____
_____"

4 ask to, to

"_____
_____"

5 to modify, in order to

"_____
_____"

Training 35

review & practice

review 앞서 써 본 문장들을 확실히 기억하고 있는지 빈칸을 채워 문장을 완성해 보세요.

1 저는 그것을 인터넷으로 주문하고 싶어요.

I _____.

2 그는 그것을 모르는 척 했어요.

He _____.

3 몇몇 사람들은 그 조건을 받아들이는 것에 동의했어요.

Some people _____.

4 당신은 여기에 정시에 오기로 약속했었잖아요.

You _____.

5 용서하는 것은 잊어버려주는 것이에요.

To _____.

6 그것을 사주는 것이 저를 도와주는 거예요.

To _____.

7 사람들을 만나는 것이 제 일 중의 일부분이에요.

To _____.

8 사이즈를 바꾸는 것에는 비용이 더 들 거예요.

To _____.

9 이 주변을 산책하는 것은 좋은 운동이 돼요.

Taking a walk _____.

Training 35

review

10 이 근처에서 제 지갑을 찾는 것은 거의 불가능해요.
Finding my wallet _____.

11 그에게 적절한 시기에 접근하는 것이 중요해요.
Approaching _____.

12 그는 계속해서 일을 해야만 해요.
He _____.

13 저는 오른쪽으로 조금 움직이는 것에 대해 개의치 않아요.
I _____.

14 그는 새로운 문화를 경험하기 위해 일본으로 여행을 가기로 결정했어요.
He decided to _____.

15 그는 그 일을 논의하기 위해 그의 사무실로 오라고 제게 부탁했어요.
He _____.

16 그녀는 당신이 사실을 알게 하기 위해 이것을 당신에게 주기를 원해요.
She _____.

17 모든 자원 봉사자들은 절차를 배우기 위해 그 세미나에 참석할 필요가 있어요.
All volunteers _____.

18 요약하자면, 더 많은 사람들이 그들의 시간을 보내기 위해 이 장소로 올 거예요.
To sum up, _____.

review & practice

Practice — 앞에서 배운 문장 구조를 토대로 주어진 서술형 과제를 완성해 보세요.

서술하기 Description & Narration

다음 이메일에 대한 답변 이메일을 상상하여 써 보세요.

New mail

To: yunhee@mail.com   Cc Bcc

Subject: Hi Yunhee

Dear Yunhee,

I just heard that you were down with the flu. I hope you recover soon. Please let me know of there is anything I can do. Would you like me to make a trip to the grocery for you?

Please give me a call.

Fondly,
Harry

1. would like to order it on the Internet
2. pretended not to know it
3. agreed to accept the condition
4. promised to come here on time
5. forgive is to forget it
6. buy it is to help me
7. meet people is a part of my job
8. change the size will cost more money
9. around here is a good exercise
10. around here is almost impossible
11. him at the right time is important
12. has to continue working
13. don't mind moving to the right a little bit
14. travel to Japan in order to experience a new culture
15. asked me to visit his office in order to discuss the matter
16. wants to give this to you in order to let you know the truth
17. need to attend the seminar in order to learn the procedure
18. more people will come to this place in order to spend their time

Sample Writing:

Dear Harry,

Thank you so much for your concern. I am feeling much better now. However, the past two days were miserable.

I really appreciate your offer to go to the store for me. However, my sister can help me do the grocery shopping. So don't worry about me.

Instead, could you lend me your notes for the last class? I'm very worried about the mid-term exam.

Yunhee

형용사+to부정사

이번 과에서는 감정이나 느낌을 말하는 형용사 뒤에 to부정사를 써서 문장을 만드는 훈련을 해 봅니다.

다음 문법 지식을 알아두면
문장을 만들 때 훨씬 쉽게 만들 수 있습니다.

TARGET GRAMMAR

형용사 + to부정사 감정이나 느낌을 말하는 형용사 뒤에 to부정사를 쓸 수 있다. 해석은 주로 '~하는 것이, ~하는 것에 있어서, ~하게 되어서, ~해서'가 된다.

형용사 – **to부정사**

Ex. I am **happy to see** you again. 저는 당신을 다시 **보게 되어서 행복해요**.

writing WORK 01

SUBSTITUTION table

바꿔 쓰기

주어진 문장을 참고하여 단어를 바꿔서 새로운 문장을 만들어 보세요.

1

It is not easy to get used to living here.
여기 사는 것에 적응하는 것이 쉽지는 않네요.

도전 문장 ❶ 그것은 시장에 나올 준비가 안됐어요. — ready
....
....

도전 문장 ❷ 저는 영어로 글을 쓰는 것이 두렵지 않아요. — afraid
....
....

2

Some road signs are hard to understand.
어떤 도로 표지판은 이해하기 어려워요.

도전 문장 ❶ 마침내 당신을 만나게 되어서 반가워요. — glad
....
....

도전 문장 ❷ 우리는 이 지점에 도달하게 된 것이 자랑스러워요. — reach • point
....
....

Second Hint

1
ready 준비가 된
afraid 두려워하는

2
road sign 도로 표지판
glad 기쁜, 반가운
reach 닿다, 도달하다
point 지점

3
regularly 규칙적으로
eager ~을 열렬히 원하다
beforehand 미리, 사전에

3

It is always good to eat regularly.
규칙적으로 먹는 것은 항상 중요해요.

도전 문장 ❶ 당신은 그를 보기를 열렬히 바랐잖아요. — eager
....
....

도전 문장 ❷ 저는 사전에 그것을 들을 수 있어서 운이 좋았어요. — beforehand
....
....

writing WORK 02
ADD detail
살 붙여 쓰기

내용상 흐름이 자연스럽게 이어지도록 주어진 문장의 앞과 뒤에 문장을 추가해 짧은 문단을 만들어 보는 순서입니다.
주어진 단어를 순서에 맞게 배열하여 완성 문장을 만들어 보세요.

1

`are` `different` `from` `I` `know` `many things` `what`

많은 것이 제가 아는 것과 달라요.

It is not easy to get used to living here.

여기 사는 것에 적응하는 것이 쉽지는 않네요.

`adjust` `I` `time` `to` `need`

적응하는 데 시간이 필요해요.

2

`a` `am` `here` `I` `stranger`

저는 이곳이 낯설어요.

Some road signs are hard to understand.

어떤 도로 표지판은 이해하기 어려워요.

`are` `ask for` `but` `directions` `I` `kind` `people` `when`

하지만 길을 물어보았을 때 사람들은 친절해요.

Second Hint

1
get used to ~에 익숙해지다
adjust 조정하다, 적응하다

2
stranger (어떤 곳에) 처음 온 사람
directions 방향, 가는 길

Training 36 형용사+to부정사

writing WORK 02 — ADD detail

3

breakfast | I | my | often | skip 저는 종종 아침을 걸러요.

It is always good to eat regularly. 규칙적으로 먹는 것이 항상 중요한데도요.

and | bed | early | go | I | need to | to | wake up 저는 일찍 자고 일찍 일어날 필요가 있어요.

Second Hint

3
skip 거르다, 건너뛰다
early 일찍

writing WORK

03

write AGAIN

다시 쓰기

앞서 만든 짧은 문단 전체를 이어서 다시 써 보세요.

1

많은 것이 제가 아는 것과 달라요. 여기 사는 것에 적응하는 것이 쉽지는 않네요. 적응하는 데 시간이 필요해요.

"
_____
_____
_____ "

2

저는 이곳이 낯설어요. 어떤 도로 표지판은 이해하기 어려워요. 하지만 길을 물어보았을 때 사람들은 친절해요.

"
_____
_____
_____ "

3

저는 종종 아침을 걸러요. 규칙적으로 먹는 것이 항상 중요한데도요. 저는 일찍 자고 일찍 일어날 필요가 있어요.

"
_____
_____
_____ "

여기서 끝이 아니다!
Speed Writing Book에서
빨리 쓰기 훈련을 통해
★ 완전히 내 것으로 소화시키세요.

writing WORK

QUESTIONing
질 문 & 답변 문장 만 들 기

Wh- question 또는 일반의문문의 문장을 만들어 보세요. 그런 다음 그 질문에 답하는 문장을 써 보세요.

1

Q It is not **easy to get used to** living here.

B 거기가 그렇게 춥니?   `that`

Q 얼어 죽겠어.   `freezing`

2

Q Some road signs are **hard to understand**.

B 나도 동의해. 어떤 것은 헷갈려.   `confusing`

Q 왜 사람들이 그것들을 바꾸지 않지?   `don't`

3

Q It is always **good to eat** regularly.

B 전적으로 동감이야.   `couldn't agree`

Q 너는 규칙적으로 먹니?   `regularly`

Second Hint

1
freezing 매우 추운, 어는

2
confusing 혼란스러운, 헷갈리는

writing WORK

05

PERFECT sentence

완벽한 문장 쓰기

'형용사+to부정사'를 사용하여 문법상 오류가 없는 완벽한 문장을 만들어 보세요.

1 delighted to
"   "

2 sad to
"   "

3 motivated to
"   "

4 amazed to
"   "

5 relieved to
"   "

Training 36 형용사+to부정사

Training 37

too ~ to ... 구문

이번 과에서는 '너무 ~해서 …할 수 없다'라는 의미를 전달하는 too ~ to … 구문을 사용하여 문장을 써보는 훈련을 해 봅니다.

다음 문법 지식을 알아두면
문장을 만들 때 훨씬 쉽게 만들 수 있습니다.

TARGET GRAMMAR

too ~ to ... '너무 ~해서 …하는 것이 힘들다' 또는 '너무 ~해서 …할 수 없다'라는 부정의 뜻을 전달한다.
to 이하의 내용이 중요하지 않거나 서로 알고 있을 경우에는 to 이하를 생략하기도 한다.

too 형용사 – **to부정사**

Ex. It is **too expensive to buy**. 그것은 사기에는 너무 비싸요.

writing WORK

SUBSTITUTION table

바꿔 쓰기

주어진 문장을 참고하여 단어를 바꿔서 새로운 문장을 만들어 보세요.

1

I am too busy to answer every call.
저는 너무 바빠서 모든 전화에 대답할 수가 없어요.
(저는 모든 전화에 일일이 대답할 수 없을 정도로 바빠요.)

도전 문장 ❶ 그것은 너무 꽉 조여서 입을 수 없어요. (그것은 입을 수 없을 정도로 꽉 조여요.)
`tight`

....

도전 문장 ❷ 이 상자는 너무 무거워서 혼자서는 못 들어요. (이 상자는 혼자서는 못 들 정도로 무거워요.)
`alone`

....

2

It's not too late to apologize.
사과하기에 너무 늦지는 않아요. (너무 늦어서 사과를 못할 정도는 아니에요.)

도전 문장 ❶ 그 사안을 다루는 것이 너무 어렵지는 않아요. (너무 어려워서 그 사안을 다루지 못할 정도는 아니에요.)
`handle • case`

....

도전 문장 ❷ 먹기에 너무 뜨겁지는 않아요. (너무 뜨거워서 못 먹을 정도는 아니에요.)

....

Second Hint

1
tight 타이트한, 꽉 조이는
alone 혼자

2
apologize 사과하다
handle 다루다
case 사안

writing WORK

SUBSTITUTION table

3

He is too tired to drive.
그는 너무 피곤해서 운전할 수가 없어요. (그는 운전하기에는 너무 피곤해요.)

도전 문장 ❶ 그것들은 너무 많아서 들고 갈 수가 없었어요. (그것들은 들고 가기에는 너무 많았어요.) `carry`

도전 문장 ❷ 그는 너무 착해서 그런 말을 못해요. (그는 그런 말을 하기에는 너무 착해요.) `such`

Second Hint

3
drive 운전하다
carry 들고 가다, 옮기다

writing WORK 02

ADD detail

살 붙여 쓰기

내용상 흐름이 자연스럽게 이어지도록 주어진 문장의 앞과 뒤에 문장을 추가해 짧은 문단을 만들어 보는 순서입니다.
주어진 단어를 순서에 맞게 배열하여 완성 문장을 만들어 보세요.

1

don't | even | I | sit | time | to | have

저는 앉을 시간도 없어요.

I am too busy to answer every call.

저는 너무 바빠서 모든 전화에 대답할 수가 없어요.

help | I | me | need | now | someone | to

저를 도와줄 누군가가 필요해요.

2

to him | I | thoughtless | to speak | was | that way

제가 그에게 그런 식으로 말한 것은 생각이 짧은 것이었어요.

It's not too late to apologize.

사과하기에 너무 늦지는 않겠죠.

accept | he | hope | I | my | will | apology

그가 제 사과를 받아주기를 바라요.

Second Hint

2
thoughtless 생각이 짧은
accept 받아주다

writing WORK 02
ADD detail

3

all | he | night | stayed | up

He is too tired to drive.

him | drive | I | will | home

그는 밤을 새웠어요.

그는 너무 피곤해서 운전할 수가 없어요.

제가 운전해서 그를 집에다 데려다 드릴게요.

Second Hint

3
stay up all night
밤을 꼴딱 새우다

writing WORK 03

write AGAIN
다시 쓰기
앞서 만든 짧은 문단 전체를 이어서 다시 써 보세요.

1

저는 앉을 시간도 없어요. 저는 너무 바빠서 모든 전화에 대답할 수가 없어요. 저를 도와줄 누군가가 필요해요.

2

제가 그에게 그런 식으로 말한 것은 생각이 짧은 것이었어요. 사과하기에 너무 늦지는 않겠죠. 그가 제 사과를 받아주기를 바라요.

3

그는 밤을 새웠어요. 그는 너무 피곤해서 운전할 수가 없어요. 제가 운전해서 그를 집에다 데려다 드릴게요.

여기서 끝이 아니다! Speed Writing Book에서 빨리 쓰기 훈련을 통해 ✱완전히 내 것으로 소화시키세요.

Training 37 too ~ to … 구문

writing WORK 04

QUESTIONing

질문 & 답변 문장 만들기

Wh- question 또는 일반의문문의 문장을 만들어 보세요. 그런 다음 그 질문에 답하는 문장을 써 보세요.

1

A I am **too busy to answer** every call.

B 무엇이 너를 그렇게 바쁘게 하니? `so`

A 나는 마감일을 맞춰야 돼. `meet`

2

A It's not **too late to apologize**.

B 그녀가 나를 용서할까? `will • forgive`

A 물론, 용서할 거야.

3

A I am **too tired to drive**.

B 나도 그래. `so`

A 너 여전히 내가 운전하기를 원하니? `want`

writing WORK 05

PERFECT sentence

완 벽 한
문장 쓰기

'too ~ to...' 구문'을 사용하여 문법상 오류가 없는 완벽한 문장을 만들어 보세요.

1 too intense to ...

2 too unstable to ...

3 too narrow to ...

4 too heavy to ...

5 too complicated to ...

Training 37 too ~ to ··· 구문

enough to ~

이번 과에서는 '~할 만큼 충분히 …한'이라는 의미의 enough to ~ 구문을 사용하여 문장을 써보는 훈련을 해 봅니다.

다음 문법 지식을 알아두면
문장을 만들 때 훨씬 쉽게 만들 수 있습니다.

TARGET GRAMMAR

- enough 뒤에 to부정사가 오면 '~할 만큼 충분한, ~할 만큼 충분히'라는 표현이 된다. enough 앞에 형용사를 써서 뒤에 있는 to부정사와 의미상 연결을 지을 수 있다. 즉, '형용사 + enough + to부정사'의 패턴으로 쓰인다.

  형용사 – enough – to부정사

  Ex. He is strong **enough to endure**. 그는 **견딜 만큼 충분히** 강해요.

writing WORK

SUBSTITUTION table

바꿔 쓰기

주어진 문장을 참고하여 단어를 바꿔서 새로운 문장을 만들어 보세요.

1

You are old enough to know better.
너는 더 잘 알만큼 충분히 나이가 들었잖아.

도전 문장 ❶ 당신은 그것을 **시도할 만큼** 강해요. — **strong**

도전 문장 ❷ 그는 그것을 **배울 만큼** 영리해요. — **smart**

2

This blanket is big enough to cover all of us.
그 담요는 우리 모두를 덮을 만큼 충분히 커요.

도전 문장 ❶ 이 방은 10명까지 **잘 수 있을 만큼 충분히** 커요. — **up to**

도전 문장 ❷ 이것은 **판매하기에 충분히** 좋아요. — **sell**

3

My brother is tall enough to ride this rollercoaster.
제 남동생은 이 롤러코스터를 탈 수 있을 만큼 충분히 키가 커요.

도전 문장 ❶ 이 놀이기구는 모든 연령대가 **탈 수 있을 만큼 충분히** 안전해요. — **all ages**

도전 문장 ❷ 그것은 **사용하기에 충분히** 단단해요. — **firm**

Second Hint

1
enough 충분한
smart 영리한
—
2
blanket 담요
up to ~까지
sell 판매하다, 팔다
—
3
ride 타다
firm 단단한

writing WORK

ADD detail

살 붙여 쓰기

내용상 흐름이 자연스럽게 이어지도록 주어진 문장의 앞과 뒤에 문장을 추가해 짧은 문단을 만들어 보는 순서입니다.
주어진 단어를 순서에 맞게 배열하여 완성 문장을 만들어 보세요.

1

`are` `how` `you` `old` `you` `know`

You are old enough to know better.

`act` `age` `should` `you` `your`

당신이 몇 살인지 알잖아요.

당신은 더 잘 알 만큼 충분히 나이가 들었어요.

나이에 맞게 행동해야 해요.

2

`big` `was` `it` `blanket` `lucky` `this` `to find`

This blanket is big enough to cover all of us.

`warm` `now` `stay` `we` `will`

이렇게 큰 담요를 찾다니 운이 좋았네요.

그 담요는 우리 모두를 덮을 만큼 충분히 커요.

이제 따뜻하게 있을 수 있겠어요.

Second Hint

1
act age
나이에 걸맞게 행동하다

2
cover 덮다
warm 따뜻한

writing WORK

ADD detail

3

`are` `in line` `a rollercoaster` `to ride` `people`

사람들이 롤러코스터를 타기 위해 줄을 서 있는데요.

My brother is tall enough to ride this rollercoaster.

제 남동생은 이 롤러코스터를 탈 수 있을 만큼 충분히 커요.

`about` `crazy` `he` `is` `it`

그는 미치도록 좋아하거든요.

Second Hint

3
be crazy about
~을 미치도록 좋아하다

Training 38 enough to ~

writing WORK 03

write AGAIN

다시 쓰기

앞서 만든 짧은 문단 전체를 이어서 다시 써 보세요.

1

당신이 몇 살인지 알잖아요. 당신은 더 잘 알 만큼 충분히 나이가 들었잖아요. 나이에 맞게 행동해야 해요.

2

이렇게 큰 담요를 찾다니 운이 좋았네요. 그 담요는 우리 모두를 덮을 만큼 충분히 커요. 이제 따뜻하게 있을 수 있겠어요.

3

사람들이 롤러코스터를 타기 위해 줄을 서 있는데요. 제 남동생은 이 롤러코스터를 탈 수 있을 만큼 충분히 커요. 그는 미치도록 좋아하거든요.

여기서 끝이 아니다!
Speed Writing Book에서 빨리 쓰기 훈련을 통해 완전히 내 것으로 소화시키세요.

writing WORK 04

QUESTIONing

질문 & 답변 문장 만들기

Wh- question 또는 일반의문문의 문장을 만들어 보세요. 그런 다음 그 질문에 답하는 문장을 써 보세요.

1

- **A** You are old **enough to know** better.
- **B** 글쎄, 내가 다 아는 것은 아니잖아. `everything`

- **Q** 어떻게 우리가 다 알겠어? `how`

2

- **A** This blanket is big **enough to cover** all of us.
- **B** 너 그거 어디서 났니? `get`

- **A** 내가 샀는데.

3

- **A** My brother is tall **enough to ride** this rollercoaster.
- **B** 이 기둥에 기대어 서 보세요. `stand against`

- **A** 이렇게요?

Second Hint

2
get 얻다, 입수하다

3
stand against
~에 기대어 서다

Training 38 enough to ~

writing WORK

05

PERFECT sentence

완 벽 한 문장 쓰기

'enough to ~'를 사용하여 문법상 오류가 없는 완벽한 문장을 만들어 보세요.

1 enough to stock

" "

2 enough to cover

" "

3 enough to try

" "

4 enough to divide

" "

5 enough to prove

" "

정형화된 동명사 표현들

이번 과에서는 정형화되어 쓰이는 go -ing 표현들을 사용하여 문장 쓰기 훈련을 해 봅니다.

다음 문법 지식을 알아두면
문장을 만들 때 훨씬 쉽게 만들 수 있습니다.

TARGET GRAMMAR

- '~하러 가다'라는 의미의 go -ing 표현은 go swimming(수영하러 가다), go shopping(쇼핑을 가다), go fishing(낚시하러 가다), go camping(캠핑 가다) 등과 같이 정형화되어 자주 쓰인다.

  Ex. I like to **go** swimm**ing**. 저는 수영하러 가는 것을 좋아해요.
  My sister wants to **go** shopp**ing** with her friend. 제 누나는 친구와 쇼핑을 가고 싶어 해요.

writing WORK

SUBSTITUTION table

바꿔 쓰기

주어진 문장을 참고하여 단어를 바꿔서 새로운 문장을 만들어 보세요.

1

Nowadays, more people than ever **go camping** on their vacation.

요즘 그 어느 때보다 더 많은 사람들이 휴가 때 **캠핑을 가요**.

도전 문장 ❶ 요즘 그 어느 때보다 더 많은 사람들이 여가 시간에 **하이킹을 가요**.

`free time`

도전 문장 ❷ 겨울에 사람들은 **스케이트를 타러 가는** 대신에 **스키를 타러 가요**.

`instead of`

2

We will **go sightseeing** first and then we will **go shopping**.

우리는 **시내 구경**을 먼저 갈 거예요, 그런 다음 **쇼핑을 갈** 거예요.

도전 문장 ❶ 나는 월요일에 **조깅을 할** 거예요, 그런 다음 화요일에는 **수영하러 가고요**.

도전 문장 ❷ 우리는 퇴근 후에 **춤추러 갈** 거고요, 그런 다음 **볼링 치러 갈** 거예요.

`after work`

Second Hint

1
go camping 캠핑을 가다
vacation 방학, 휴가
instead of ~ 대신에

2
go sightseeing 구경을 다니다

writing WORK

SUBSTITUTION table

3

Not many people like to **go bungee jumping** as their hobbies.

취미로 **번지점프 하러 가는 것**을 좋아하는 사람들이 그다지 많지 않아요.
(그다지 많지 않은 사람들이 취미로 **번지점프 하러 가는 것**을 좋아해요.)

도전 문장 ❶ 어떤 사람들은 취미로 여전히 **스카이다이빙 하러 가는 것**을 좋아해요.

`still`

도전 문장 ❷ 저는 살면서 **낚시하러 가는 것**을 결코 좋아하지 않았어요.   `my whole life`

Second Hint

3
as one's hobby 취미로
still 여전히, 아직도
go fishing 낚시하러 가다

writing WORK

ADD detail

살 붙여 쓰기

내용상 흐름이 자연스럽게 이어지도록 주어진 문장의 앞과 뒤에 문장을 추가해 짧은 문단을 만들어 보는 순서입니다.
주어진 단어를 순서에 맞게 배열하여 완성 문장을 만들어 보세요.

Second Hint

1
popular 인기 있는
outdoor activity 야외 활동
nowadays 요즘
the number of ~의 숫자
enjoy -ing ~하는 것을 즐기다
soar 급상승하다

2
enjoyable 즐거운, 즐길 만한
go shopping 쇼핑하러 가다
keep a balance 균형을 유지하다

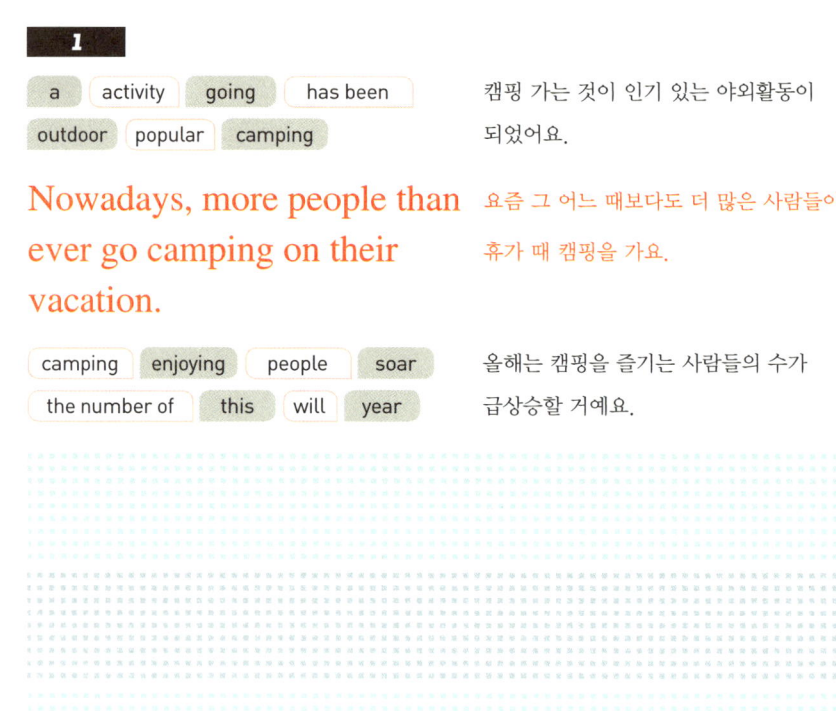

1

[a] [activity] [going] [has been] [outdoor] [popular] [camping]

캠핑 가는 것이 인기 있는 야외활동이 되었어요.

Nowadays, more people than ever go camping on their vacation.

요즘 그 어느 때보다도 더 많은 사람들이 휴가 때 캠핑을 가요.

[camping] [enjoying] [people] [soar] [the number of] [this] [will] [year]

올해는 캠핑을 즐기는 사람들의 수가 급상승할 거예요.

2

[enjoyable] [and] [are] [both] [going] [shopping] [sightseeing]

시내 구경 가는 것과 쇼핑 가는 것은 둘 다 즐거운 일이죠.

We will go sightseeing first and then we will go shopping.

우리는 시내 구경을 먼저 가고 그 다음 쇼핑을 갈 거예요.

[and] [between] [keep] [need to] [shopping] [sightseeing] [a balance] [we]

시내 구경 가는 것과 쇼핑 가는 것을 균형을 맞춰서 할 필요가 있어요.

writing WORK

ADD detail

3

don't | extreme | like | normally | people | sports

일반적으로 사람들은 극한 스포츠는 좋아하지 않아요.

Not many people like to go bungee jumping as their hobbies.

취미로 번지점프 하러 가는 것을 좋아하는 사람들은 그다지 많지 않아요.

a | but | chance | I | have | I | if | try | would like to

하지만 저는 기회가 있으면 해보고 싶어요.

Second Hint

3
extreme 극단적인, 극한의
normally 보통은
chance 기회

write AGAIN

다시 쓰기

앞서 만든 짧은 문단 전체를 이어서 다시 써 보세요.

1

캠핑 가는 것이 인기 있는 야외활동이 되었어요. 요즘 그 어느 때보다도 더 많은 사람들이 휴가 때 캠핑을 가요. 올해는 캠핑을 즐기는 사람들의 수가 급상승할 거예요.

2

시내 구경 가는 것과 쇼핑 가는 것은 둘 다 즐거운 일이죠. 우리는 시내 구경을 먼저 가고 그 다음 쇼핑을 갈 거예요. 시내 구경 가는 것과 쇼핑 가는 것을 균형을 맞춰서 할 필요가 있어요.

3

일반적으로 사람들은 극한 스포츠는 좋아하지 않아요. 취미로 번지점프 하러 가는 것을 좋아하는 사람들은 그다지 많지 않아요. 하지만 저는 기회가 있으면 해보고 싶어요.

여기서 끝이 아니다!
Speed Writing Book에서
빨리 쓰기 훈련을 통해
★ 완전히 내 것으로 소화시키세요.

writing WORK

04

QUESTIONing

질문 & 답변 문장 만들기

wh- question 또는 일반 의문문의 문장을 만들어 보세요. 그런 다음 그 질문에 답하는 문장을 써 보세요.

1

Q Nowadays, more people than ever **go camping** on their vacation.

B 너도 역시 캠핑 가니?

....

Q 응, 한 달에 한 번.   `once`

....

2

Q We will **go sightseeing** first and then we will **go shopping**.

B 우리 쇼핑 먼저 할 수 있을까요?

....

Q 네, 그럴 수 있죠. 하지만, 그게 시간이 걸릴지도 몰라요.
                                                                    `take`

....

3

Q Not many people like to **go bungee jumping** as their hobbies.

B 그거 시도해봤니?   `have`

....

Q 아니, 안 해봤어.

....

Second Hint

1
once 한 번

—

2
take time 시간이 걸리다

—

3
try 시도하다

77

Training 39 정형화된 동명사 표현들

writing WORK 05

PERFECT sentence

완 벽 한 문장 쓰기

'go -ing' 표현을 사용하여 문법상 오류가 없는 완벽한 문장을 만들어 보세요.

1 go skydiving

2 go jet skiing

3 go jogging

4 go hiking

5 go biking

가주어 It

이번 과에서는 to부정사를 대신하는 가주어 It를 사용하여 문장을 만드는 훈련을 해 봅니다.

다음 문법 지식을 알아두면
문장을 만들 때 훨씬 쉽게 만들 수 있습니다.

TARGET GRAMMAR

가주어 It to부정사가 문장의 주어일 때 주어가 길어지는 것을 막기 위해 to부정사를 대신해서 사용하는 it을 말한다.

진주어 It에 자리를 양보하고 문장의 뒤로 갔지만 원래부터 문장의 주어였던 to부정사를 말한다.

  가주어 It — for 진주어 — to부정사

Ex. **It** is important **for you to come** to the seminar voluntarily.
자원해서 세미나에 오는 것은 당신한테 중요해요.

writing WORK

SUBSTITUTION table

바꿔 쓰기

주어진 문장을 참고하여 단어를 바꿔서 새로운 문장을 만들어 보세요.

1

It's difficult for me to speak in front of many people.
많은 사람들 앞에서 말하는 것은 저에게 힘들어요.

도전 문장 ❶ 저에게는 그것을 푸는 것이 쉬워요.　　　　　`solve`

도전 문장 ❷ 그에게는 걸어서 거기에 가는 것이 멀어요.　　`far`

2

It's hard to predict who will win.
누가 이길지 예측하는 것은 어려워요.

도전 문장 ❶ 그것은 모양을 바꾸기에는 매우 딱딱했어요.　　`shape`

Second Hint

1
solve 문제를 풀다
far 먼

—

2
predict 예측하다
shape 모양

도전 문장 ❷ 당신을 알게 되어서 기뻐요.　　　　　　　　`nice`

3

It's great to have business and pleasure at the same time. 일과 즐거움을 동시에 가질 수 있는 것은 매우 좋은 일이죠.

writing WORK

01

SUBSTITUTION table

도전 문장 ❶ 그 라이브 음악을 듣는 것은 감동적이었어요. `impressive`

....

....

....

도전 문장 ❷ 최고급 식당에서 저녁식사를 하는 것은 멋졌어요. `fabulous • top-class`

....

....

....

Second Hint

3
pleasure 즐거움
at the same time 동시에
impressive 인상적인, 감동적인
fabulous 멋진
top-class 최고의

writing WORK

ADD detail

살 붙여 쓰기

내용상 흐름이 자연스럽게 이어지도록 주어진 문장의 앞과 뒤에 문장을 추가해 짧은 문단을 만들어 보는 순서입니다.
주어진 단어를 순서에 맞게 배열하여 완성 문장을 만들어 보세요.

1

fright | have | I | stage

It's difficult for me to speak in front of many people.

get over | I | it | need to

저는 무대 공포증이 있어요.

많은 사람들 앞에서 말하는 것이 저에게는 힘들어요.

저는 그것을 극복할 필요가 있어요.

2

almost | are | they | matched | evenly

It's hard to predict who will win.

end | I | in a tie | it | think | will

그들은 막상막하예요.

누가 이길지 예측하는 것은 어려워요.

동점으로 끝날 거라고 생각해요.

Second Hint

1
stage fright 무대 공포증

2
match 필적하다, 맞먹다
in a tie 무승부로

82
영어 라이팅 훈련 실천 확장 워크북 2

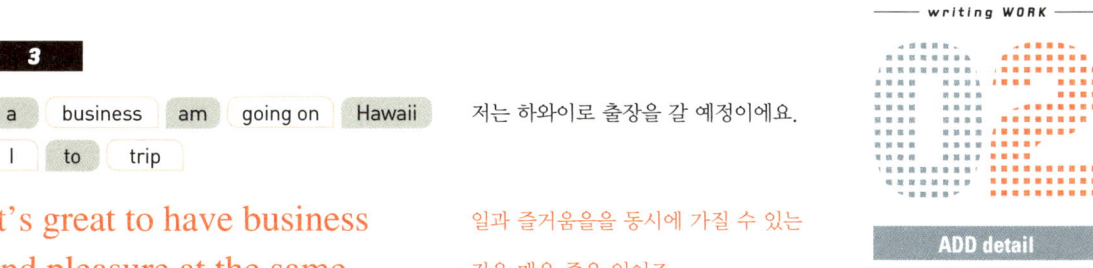

3

`a` `business` `am` `going on` `Hawaii` `I` `to` `trip`   저는 하와이로 출장을 갈 예정이에요.

It's great to have business and pleasure at the same time.   일과 즐거움을을 동시에 가질 수 있는 것은 매우 좋은 일이죠.

`for` `I` `be` `two` `weeks` `will` `there`   저는 2주 동안 그곳에 있을 거예요.

writing WORK 03

write AGAIN
다시 쓰기

앞서 만든 짧은 문단 전체를 이어서 다시 써 보세요.

1

저는 무대 공포증이 있어요. 많은 사람들 앞에서 말하는 것이 저에게는 힘들어요. 저는 그것을 극복할 필요가 있어요.

2

그들은 막상막하예요. 누가 이길지 예측하는 것은 어려워요. 동점으로 끝날 거라고 생각해요.

3

저는 하와이로 출장을 갈 예정이에요. 일과 즐거움을 동시에 가질 수 있는 것은 매우 좋은 일이죠. 저는 2주 동안 그곳에 있을 거예요.

여기서 끝이 아니다!
Speed Writing Book에서
빨리 쓰기 훈련을 통해
★ 완전히 내 것으로 소화시키세요.

writing WORK 04

QUESTIONing

질문 & 답변 문장 만들기

Wh- question 또는 일반의문문의 문장을 만들어 보세요. 그런 다음 그 질문에 답하는 문장을 써 보세요.

1

Q It's difficult for me **to speak** in front of many people.

B 모든 것에는 처음이 있기 마련이야.　　`first time`

....

Q 너는 어떻게 무대 공포증을 극복했니?　　`stage fright`

....

2

Q It's hard **to predict** who will win.

B 그것은 막상막하야.　　`close`

....

Q 누가 이길 거라고 생각하니?

....

3

Q It's great **to have** business and pleasure at the same time.

B 당신은 어떤 종류의 직업에 종사하고 있나요?　　`in`

....

Q 저는 가정용품을 수출하고 있어요.　　`exporting`

....

Second Hint

2
close 막상막하의

3
export 수출하다
household item 가정용품

writing WORK

05

PERFECT sentence

완벽한 문장 쓰기

'가주어 It'을 사용하여 문법상 오류가 없는 완벽한 문장을 만들어 보세요.

1 It ... to generate

2 It ... to calculate

3 It ... to redefine

4 It ... to permit

5 It ... to maximize

Training 41

review & practice

review — 앞서 써 본 문장들을 확실히 기억하고 있는지 빈칸을 채워 문장을 완성해 보세요.

1 저는 영어로 글을 쓰는 것이 두렵지 않아요.
I _____.

2 마침내 당신을 만나게 되어서 반가워요.
I _____.

3 당신은 그를 보기를 열렬히 바랐잖아요.
You _____.

4 그것은 너무 꽉 조여서 입을 수 없어요.
It _____.

5 그 사안을 다루는 것이 너무 어렵지는 않아요.
It's _____.

6 그는 너무 착해서 그런 말을 못해요.
He _____.

7 그는 그것을 배울 만큼 영리해요.
He _____.

8 이 방은 10명까지 잘 수 있을 만큼 충분히 커요.
This room _____.

9 이 놀이기구는 모든 연령대가 탈 수 있을 만큼 충분히 안전해요.
This ride _____.

review

10 그것은 사용하기에 충분히 단단해요.

It _____ .

11 겨울에 사람들은 스케이트를 타러 가는 대신에 스키를 타러 가요.

In winter, _____ .

12 우리는 퇴근 후에 춤추러 갈 거고요, 그런 다음 볼링 치러 갈 거예요.

We _____ .

13 어떤 사람들은 취미로 여전히 스카이다이빙 하러 가는 것을 좋아해요.

Some people _____ .

14 저는 살면서 낚시하러 가는 것을 결코 좋아하지 않았어요.

I _____ .

15 저에게는 그것을 푸는 것이 쉬워요.

It's _____ .

16 그것은 모양을 바꾸기에는 매우 딱딱했어요.

It _____ .

17 그 라이브 음악을 듣는 것은 감동적이었어요.

It _____ .

18 최고급 식당에서 저녁식사를 하는 것은 멋졌어요.

It _____ .

review & practice

Practice 앞에서 배운 문장 구조를 토대로 주어진 서술형 과제를 완성해 보세요.

서술하기 Description & Narration

빈칸에 내용상 흐름이 자연스러운 문장을 추가하여 전체 이메일을 완성하세요.

1단계

New mail

Dear Tosi,
I am writing to ask that you repay the money.
1

You asked for the money as a friend and I gave it to you in that spirit.
2

Now the fact that it has not been repaid hangs like a dark cloud over our friendship.
3

I'd appreciate it if you would send me the money.

2단계

New mail

Dear Tosi,
I am writing to ask that you repay the money.
1

4

You asked for the money as a friend and I gave it to you in that spirit.
2

5

Now the fact that it has not been repaid hangs like a dark cloud over our friendship.
3

6

I'd appreciate it if you would send me the money.

Sincerely,
Max

for review & practice

1. am not afraid to write in English
2. am glad to meet you finally
3. were eager to see him
4. is too tight to wear
5. not too difficult to handle the case
6. is too nice to say such words
7. is smart enough to learn it
8. is big enough to sleep in up to 10 people
9. is safe enough to go on for all ages
10. is firm enough to use
11. people go skiing instead of going skating
12. will go dancing after work and then we will go bowling
13. still like to go skydiving as their hobbies
14. never liked to go fishing my whole life
15. easy for me to solve it
16. was very hard to change the shape
17. was impressive to listen to the live music
18. was fabulous to have a dinner in a top-class restaurant

Sample Writing:

1. Please let me know when you can pay me back.
2. I lent you the money because I trusted you.
3. If you don't pay me back, I think our friendship will suffer greatly.
4. I need to use the money for my summer trip.
5. I thought our friendship is more important than money.
6. I really hope that we can continue our friendship as before.

지각동사

이번 과에서는 see, feel, hear, smell 등 인간의 감각을 나타내는 지각동사를 사용하여 문장을 만드는 훈련을 해 봅니다.

다음 문법 지식을 알아두면
문장을 만들 때 훨씬 쉽게 만들 수 있습니다.

TARGET GRAMMAR

| 지각동사 | see, feel, hear, smell과 같이 사람이나 동물이 생명을 유지하고 활동하는 데 필수적이고 기본적인 기능과 감각을 나타내는 동사를 말한다. |

| 지각동사의 강조 | 내용상 '~하는 것을'이라는 뜻을 지닌 to부정사가 필요한 자리에 동사원형을 씀으로써 지각동사의 사용을 강조한다. |

주어 — 지각동사 — 목적어 — 목적 보어(동사원형)

Ex. I hear people to shout. 저는 사람들이 외치는 것을 들어요. (X)
　　 I hear people shout. 저는 사람들이 외치는 것을 들어요. (O)

writing WORK

SUBSTITUTION table

바꿔 쓰기

주어진 문장을 참고하여 단어를 바꿔서 새로운 문장을 만들어 보세요.

1

I saw you put your iPhone in the bag.
저는 당신이 당신의 iphone을 가방에 넣는 것을 봤어요.

도전 문장 ❶ 저는 당신이 커튼 뒤에 숨는 것을 봤어요.   `hide behind`

도전 문장 ❷ 저는 당신이 건물 안으로 급하게 들어가는 것을 봤어요.   `rush into`

2

This CCTV can watch anyone enter the door.
이 CCTV는 문으로 들어가는 누구든 감시할 수 있어요.

도전 문장 ❶ 이 감시 카메라는 여기서 일하는 사람들을 감시할 수 있어요.   `surveillance`

도전 문장 ❷ 그 보안 카메라는 이곳을 지나가는 차들을 관찰해요.   `observe`

Second Hint

1
rush into ~로 급하게 들어가다

―

2
surveillance 감시
security 보안
observe 관찰하다

―

3
yell 소리 지르다
whisper 속삭이다

3

I heard you go out.
저는 당신이 나가는 소리를 들었어요.

도전 문장 ❶ 저는 당신이 그에게 소리 지르는 것을 들었어요.   `yell at`

도전 문장 ❷ 저는 그가 당신에게 속삭이는 것을 들었어요.   `whisper to`

writing WORK

02 ADD detail

살 붙여 쓰기

내용상 흐름이 자연스럽게 이어지도록 주어진 문장의 앞과 뒤에 문장을 추가해 짧은 문단을 만들어 보는 순서입니다.
주어진 단어를 순서에 맞게 배열하여 완성 문장을 만들어 보세요.

1

[are] [iPhone] [why] [you] [your] [looking] [for]

왜 당신의 iPhone을 찾고 있나요?

I saw you put your iPhone in the bag.

저는 당신이 iPhone을 가방에 넣는 것을 봤어요.

[your bag] [check] [inside out] [or] [the bag] [turn]

가방을 확인해 보거나 아니면 뒤집어서 찾아보세요.

2

[a] [have] [CCTV] [installed] [I] [new]

저는 새 CCTV를 설치했어요.

This CCTV can watch anyone enter the door.

이 CCTV는 문으로 들어가는 누구든 감시할 수 있어요.

[before] [feel] [I] [safer] [than]

저는 이전보다 더 안전하다고 느껴요.

Second Hint

1
look for ~을 찾다
turn 뒤집다

2
install 설치하다
enter 들어가다
safer 더 안전한

writing WORK 02
ADD detail

3

wasn't | actually | I | sleeping

I heard you go out.

did | at night | sneak out of | you | why | the house

사실 저는 안 자고 있었어요.

저는 당신이 나가는 소리를 들었어요.

당신은 왜 밤에 집에서 몰래 빠져 나갔나요?

Second Hint

3
actually 사실
sneak out of ~을 몰래 빠져나가다

writing WORK 03
write AGAIN
다시 쓰기
앞서 만든 짧은 문단 전체를 이어서 다시 써 보세요.

1

왜 당신의 iPhone을 찾고 있나요? 저는 당신이 iPhone을 가방에 넣는 것을 봤어요. 가방을 확인해 보거나 아니면 뒤집어서 찾아보세요.

2

저는 새 CCTV를 설치했어요. 이 CCTV는 문으로 들어가는 누구든 감시할 수 있어요. 저는 이전보다 더 안전하다고 느껴요.

3

사실 저는 안 자고 있었어요. 저는 당신의 나가는 소리를 들었어요. 당신은 왜 밤에 집에서 몰래 빠져나갔나요?

여기서 끝이 아니다!
Speed Writing Book에서
빨리 쓰기 훈련을 통해
＊완전히 내 것으로 소화시키세요.

writing WORK

04
QUESTIONing

질문 &
답변 문장
만들기

Wh- question 또는 일반의문문의 문장을 만들어 보세요. 그런 다음 그 질문에 답하는 문장을 써 보세요.

1

Q I **saw** you put your iPhone in the bag.

B 정말? really

Q 응, 가방을 확인해봐. should

2

Q This CCTV can **watch** anyone enter the door.

B 우리가 이제 안전하다는 얘기 같군요. sound like

Q 그것을 테스트해보고 싶으세요? test

3

Q I **heard** you go out.

B 그랬니? did

Q 응, 그랬어.

Second Hint

2
sound like ~처럼 들리다

writing WORK 05

PERFECT sentence

완 벽 한 문장 쓰기

주어진 '지각동사'를 사용하여 문법상 오류가 없는 완벽한 문장을 만들어 보세요.

1 see

2 heard

3 smelled

4 feel

5 watches

Training **42** 지각동사

사역동사

이번 과에서는 '누구에게 ~을 시키다'의 의미를 가지고 있는 사역동사 make, have, let을 사용하여 문장을 만드는 훈련을 해 봅니다.

다음 문법 지식을 알아두면
문장을 만들 때 훨씬 쉽게 만들 수 있습니다.

TARGET GRAMMAR

사역동사	make(~에게 ~시키다, ~에게 ~하게 만들다), have(~에게 ~시키다), let(~에게 ~하도록 허락하다)과 같이 누군가에게 일을 시키는 것과 관계 있는 동사를 말한다.
사역동사의 강조	내용상 '~하는 것을, ~하도록'이라는 뜻을 지닌 to부정사가 필요한 자리에 동사원형을 씀으로써 사역동사의 사용을 강조한다.

주어 – 사역동사 – 목적어 – 목적 보어(동사원형)

Ex. She let me **to go**. 그녀는 제가 가도록/가는 것을 허락했어요. (X)
　　She let me **go**. 그녀는 제가 가도록/가는 것을 허락했어요. (O)

writing WORK

SUBSTITUTION table

바꿔 쓰기

주어진 문장을 참고하여 단어를 바꿔서 새로운 문장을 만들어 보세요.

1

His success **made** him start his life anew.
그의 성공이 그가 그의 삶을 새로 시작하도록 만들어줬어요.

도전 문장 ❶ 그의 노력이 그를 성공하도록 만들어줬어요. `succeed`

도전 문장 ❷ 그의 지원이 우리를 성장하도록 만들어줬어요. `support`

2

I **had** him clean his room.
저는 그가 그의 방을 청소하도록 시켰어요.

도전 문장 ❶ 저는 제 학생들이 그들의 에세이를 다시 쓰도록 시켰어요. `rewrite`

도전 문장 ❷ 저희 선생님께서 저희가 그것을 수업 시간에 제출하도록 시키셨어요. `submit`

3

Don't **let** them touch it while I am not here.
제가 여기 없는 동안에 그들이 그것을 건드리지 못하도록 하세요.

도전 문장 ❶ 당신이 여기 있는 동안에 그가 당신을 귀찮게 하지 않도록 하세요. `bother`

도전 문장 ❷ 제가 끝내게 해 주세요. (하던 말이나 행동을 마치게 해달라는 뜻) `finish`

Second Hint

1
start anew 새로 시작하다
succeed 성공하다
support 지원

2
clean 청소하다
rewrite 다시 쓰다
submit 제출하다

3
touch 건드리다, 만지다
bother 귀찮게 하다, 괴롭히다

writing WORK 02

ADD detail

살 붙여 쓰기

내용상 흐름이 자연스럽게 이어지도록 주어진 문장의 앞과 뒤에 문장을 추가해 짧은 문단을 만들어 보는 순서입니다.
주어진 단어를 순서에 맞게 배열하여 완성 문장을 만들어 보세요.

1

`all right` `doing` `he` `is` `now`

His success made him start his life anew.

`am` `for` `happy` `him` `I`

그는 지금 잘 하고 있어요.

그의 성공이 그가 그의 삶을 새로 시작하도록 만들어줬어요.

그 사람이 잘돼서 다행이에요.

2

`and` `cleaned` `he` `his` `messed up` `never` `room` `it`

I had him clean his room.

`to clean` `hours` `it` `took` `it` `two`

그는 자기 방을 엉망으로 만들어 놓고 절대 청소를 안 했어요.

저는 그가 그의 방을 청소하도록 시켰어요.

청소하는 데 두 시간 걸렸어요.

Second Hint

2
mess up 엉망으로 만들다

3

[I] [on] [left] [my laptop] [table] [the]

Don't let them touch it while I am not there.

[very] [data] [have] [I] [important] [on it] [saved]

제 노트북 컴퓨터를 탁자 위에 놔두고 왔어요.

제가 없는 동안에 그들이 그것을 건드리지 않도록 해 줘요.

매우 중요한 자료를 거기에 저장해 뒀거든요.

ADD detail

Second Hint

3
laptop 노트북 컴퓨터
data 데이터, 자료
important 중요한
save 저장하다

write AGAIN
다시 쓰기

앞서 만든 짧은 문단 전체를 이어서 다시 써 보세요.

1

그는 지금 잘 하고 있어요. 그의 성공이 그가 그의 삶을 새로 시작하도록 만들어줬어요. 그 사람이 잘돼서 다행이에요.

2

그는 자기 방을 엉망으로 만들어 놓고 절대 청소를 안 했어요. 저는 그가 그의 방을 청소하도록 시켰어요. 청소하는 데 두 시간 걸렸어요.

3

제 노트북 컴퓨터를 탁자 위에 놔두고 왔어요. 제가 없는 동안에 그들이 그것을 건드리지 않도록 해 줘요. 매우 중요한 자료를 거기에 저장해 뒀거든요.

여기서 끝이 아니다!
Speed Writing Book에서
빨리 쓰기 훈련을 통해
＊완전히 내 것으로 소화시키세요.

writing WORK 04

QUESTIONing

질문 & 답변 문장 만들기

Wh- question 또는 일반의문문의 문장을 만들어 보세요. 그런 다음 그 질문에 답하는 문장을 써 보세요.

1

- **A** His success **made** him start his life anew.
- **B** 그는 그럴 자격이 있어. [deserves]

- **A** 그가 그렇게 열심히 일했니? [hard]

2

- **A** I **had** him clean his room.
- **B** 어떻게 그를 청소하게 만들었니? [make]

- **A** 협박했지 뭐. [threatened]

3

- **A** Don't **let** them touch it while I am not here.
- **B** 내가 그걸 지켜봐주기를 원하니? [watch over]

- **A** 좀 그래 줄래? [would]

Second Hint

1
deserve ~할 자격이 있다

2
threaten 협박하다

3
let ~하도록 시키다
watch over ~을 지켜보다

103
Training **43** 사역동사

writing WORK 05

PERFECT sentence

완벽한 문장 쓰기

주어진 '사역동사'를 사용하여 문법상 오류가 없는 완벽한 문장을 만들어 보세요.

1 makes
" _____ "

2 had
" _____ "

3 let
" _____ "

4 have
" _____ "

5 made
" _____ "

동사+목적격 대명사+to부정사

이번 과에서는 '동사+목적격 대명사+to부정사'의 구조를 가진 문장을 쓰기 훈련해 봅니다.

다음 문법 지식을 알아두면
문장을 만들 때 훨씬 쉽게 만들 수 있습니다.

TARGET GRAMMAR

동사 + 목적격 대명사
동사 뒤에 me, him, her, you, them과 같은 목적격 대명사가 오는 것을 선호하는 동사들이 있다.

Ex. I **told him** and **taught him**. 저는 그에게 말해주고 가르쳐 주었어요.

목적격 대명사 + to부정사
목적격 대명사가 무엇을 하는지 또는 무엇을 해야 하는지 말해주기 위해 to부정사를 목적격 대명사 뒤에 쓴다.

동사 – 목적격 대명사 – to부정사

Ex. I **told him to watch** me and **taught him to use** it.
저는 그에게 저를 잘 보라고 말해주었고 그것을 사용할 수 있도록 가르쳐 주었어요.

writing WORK

SUBSTITUTION table

바꿔 쓰기

주어진 문장을 참고하여 단어를 바꿔서 새로운 문장을 만들어 보세요.

1

Sam is the only one who can **persuade her to do** this. Sam은 그녀가 이것을 하도록 설득할 수 있는 유일한 사람이에요.

도전 문장 ❶ Max는 제가 이것을 하도록 격려한 사람이에요. `encouraged`
....

도전 문장 ❷ Dave는 이 일에 대해 당신에게 조언해 줄 수 있는 유일한 사람이에요. `advise • matter`
....

2

Thank you for **allowing me to stay** here.
제가 여기 머물 수 있도록 허락해 주셔서 감사합니다.

도전 문장 ❶ 저에게 문을 잠그라고 말씀해 주셔서 감사해요. `lock`
....

도전 문장 ❷ 제가 이것을 나눌 수 있도록 허락해 주셔서 고마워요. `allowing • share`
....

3

I **expected you to be** on my side.
저는 당신이 제 편이기를 기대했어요.

도전 문장 ❶ 저는 제 강아지를 강제로 눕혔어요. `forced • lay down`
....

도전 문장 ❷ 당신이 이번에는 지불하기로 제게 약속했잖아요. `promised`
....

Second Hint

1
persuade 설득하다
encourage 격려하다
advise 조언하다
matter 일

2
allow 허락하다
lock 문을 잠그다
share 나누다

3
expect 기대하다
my side 내 편
force 강요하다
lay down 눕다
promise 약속하다

1

[am] [for] [I] [matter] [relying on] [Sam] [this]

저는 이 일에 대해서는 Sam에게 의지하고 있어요.

Sam is the only one who can persuade her to do this.

Sam은 그녀가 이것을 하도록 설득할 수 있는 유일한 사람이에요.

[wait] [all] [and] [is] [can] [do] [I] [see] [just]

제가 할 일이라고는 그냥 기다리며 지켜보는 것 뿐이에요.

2

[is] [kind of] [me] [that] [to help] [very] [you]

저를 도와주시다니 정말 친절하시군요.

Thank you for allowing me to stay here.

제가 여기에 머물 수 있도록 허락해 주셔서 감사해요.

[don't] [enough] [how to] [I] [thank you] [know]

제가 어떻게 감사를 드려야 할지 모르겠네요.

writing WORK 02

ADD detail

살 붙여 쓰기

내용상 흐름이 자연스럽게 이어지도록 주어진 문장의 앞과 뒤에 문장을 추가해 짧은 문단을 만들어 보는 순서입니다.
주어진 단어를 순서에 맞게 배열하여 완성 문장을 만들어 보세요.

Second Hint

1
rely on ~에 의지하다

2
enough 충분히

writing WORK 02 — ADD detail

3

against　opinion　my　you　spoke　　당신은 제 의견에 반대해서 말했잖아요.

I expected you to be on my side.　　저는 당신이 제 편이기를 기대했어요.

I　me　support　thought　would　you　　저는 당신이 저를 지지할 줄 알았어요.

Second Hint

3

speak against
반대 발언을 하다

writing WORK

write AGAIN

다시 쓰기

앞서 만든 짧은 문단 전체를 이어서 다시 써 보세요.

1

저는 이 일에 대해서는 Sam에게 의지하고 있어요. Sam은 그녀가 이것을 하도록 설득할 수 있는 유일한 사람이에요. 제가 할 일이라고는 그냥 기다리며 지켜보는 것 뿐이에요.

2

저를 도와주시다니 정말 친절하시군요. 제가 여기에 머물 수 있도록 허락해 주셔서 감사해요. 제가 어떻게 감사를 드려야 할지 모르겠네요.

3

당신은 제 의견에 반대해서 말했잖아요. 저는 당신이 제 편이기를 기대했어요. 저는 당신이 저를 지지할 줄 알았어요.

여기서 끝이 아니다!
Speed Writing Book에서
빨리 쓰기 훈련을 통해
완전히 내 것으로 소화시키세요.

writing WORK 04

QUESTIONing

질문 & 답변 문장 만들기

Wh- question 또는 일반의문문의 문장을 만들어 보세요. 그런 다음 그 질문에 답하는 문장을 써 보세요.

1

Q Sam is the only one who can **persuade her to do** this.
B 그렇다면, Sam에게 부탁하자.　　`ask`

Q 그는 어디에 있니?

2

Q Thank you for **allowing me to stay** here.
B 친구 좋다는 게 뭐야?　　`for`

Q 너무 고마워.　　`so much`

3

Q I **expected you to be** on my side.
B 나는 네 편이었어.　　`on`

A 네가 내 의견에 반대했다고 생각하지 않니?　　`against`

writing WORK 05

PERFECT sentence

완 벽 한
문장 쓰기

'동사+목적어+to부정사' 구문을 사용하여 문법상 오류가 없는 완벽한 문장을 만들어 보세요.

1 encourage +목적어 +to부정사

2 persuade +목적어 +to부정사

3 rush +목적어 +to부정사

4 allow +목적어 +to부정사

5 tell +목적어 +to부정사

Training 44 동사+목적격 대명사+to부정사

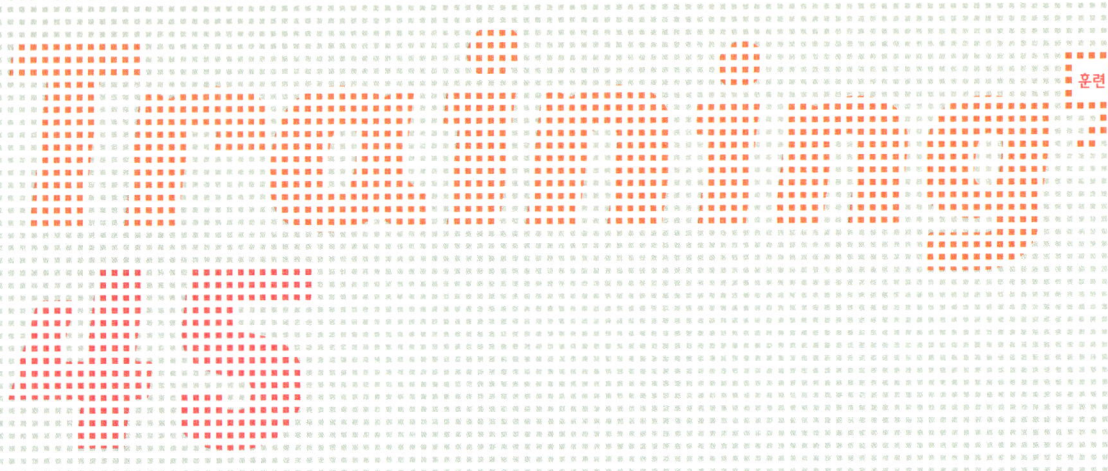

remember, regret, forget 뒤에 to부정사와 동명사 구분해서 쓰기

이번 과에서는 동사 뒤에 to부정사가 오는 경우와 동명사가 오는 경우를 구분해서 문장 쓰기를 훈련해 봅니다.

다음 문법 지식을 알아두면
문장을 만들 때 훨씬 쉽게 만들 수 있습니다.

TARGET GRAMMAR

to부정사
목적어로 to부정사가 오는 경우는 앞으로 해야 할 일이나 일어날 일에 대해 말하는 미래의 뉘앙스가 강하다.

`remember` – `to부정사`

Ex. I remember **to call**. 저는 전화해야 하는 것이 기억나요.

동명사
목적어로 동명사가 오는 경우는 과거에 했던 일이나 일어났던 일에 대해 말하는 과거의 뉘앙스가 강하다.

`remember` – `동명사`

Ex. I remember **calling**. 저는 전화한 것이 기억나요.

writing WORK 01

SUBSTITUTION table

바꿔 쓰기

주어진 문장을 참고하여 단어를 바꿔서 새로운 문장을 만들어 보세요.

1

A: **Remember to bring** your homework with you.
잊지 말고 네 숙제를 가져오도록 해.

B: Yes, I **remembered bringing** my homework with me. 네, 저는 제 숙제를 가져오는 것을 기억했어요.

도전 문장 ① A: 여행 일정표를 가져오는 것을 기억하세요. `itinerary`

도전 문장 ② B: 네, 제 여행 일정표를 가져오는 것을 기억했어요.

도전 문장 ③ A: 이름표를 가져 가는 것을 기억하세요. `name card`

도전 문장 ④ B: 네, 저는 이름표를 가져가는 것을 기억했어요.

2

A: I **regret to inform** you that she will not join us.
그녀가 우리에게 합류하지 않게 된 것을 알리게 되어 유감이에요.

B: Oh, not again! I **regretted telling** her that her ex-boyfriend would come.
오, 또 그런 일이! 제가 그녀에게 그녀의 예전 남자 친구가 온다고 말한 것이 후회스럽네요.

도전 문장 ① A: 저는 스케줄을 변경하게 되어서 유감이에요. `schedule`

Second Hint

1
itinerary 여행 일정표
name card 이름표

2
regret 후회하다, 유감스럽게 생각하다
join 합류하다
ex-boyfriend 예전 남자 친구

Training **45** remember, regret, forget 뒤에 to부정사와 동명사 구분해서 쓰기

도전 문장 ❷ B: 오, 또 그런 일이! 제가 당신에게 사람들이 많이 안 올 거라고 **말한 것이 후회되네요.** `not many people`

도전 문장 ❸ A: 제가 예약을 **취소하게 되어 유감이네요.** `cancel`

도전 문장 ❹ B: 오, 또 그런 일이! 제가 당신에게 바쁘다고 **말한 것이 후회되네요.**

3

A: Don't **forget to turn off** the light!
불 끄는 것을 잊지 마세요!

B: Oh, No! I **forgot turning off** the light again.
오, 이런! 불 끄는 것을 또 잊어버렸어요.

도전 문장 ❶ A: 예약 확인 번호를 적어놓는 것을 잊지 마세요. `confirmation number`

도전 문장 ❷ B: 오, 이런! 저는 그 번호를 적어놓는 것을 잊어버렸어요. `write down`

도전 문장 ❸ A: 저를 먼저 보는 것을 잊지 마세요. `first`

도전 문장 ❹ B: 오, 이런! 당신을 먼저 보는 것을 잊어버렸어요. `seeing`

Second Hint

2
cancel 취소하다
reservation 예약

3
turn off 끄다
write down ~을 적다
confirmation number 확인 번호

writing WORK 02

ADD detail

살 붙여 쓰기

내용상 흐름이 자연스럽게 이어지도록 주어진 문장의 앞과 뒤에 문장을 추가해 짧은 문단을 만들어 보는 순서입니다.
주어진 단어를 순서에 맞게 배열하여 완성 문장을 만들어 보세요.

1

A: Remember to bring your homework with you.
A: 잊지 말고 네 숙제를 가져오도록 해.

B: [yes] [did] [I] [time] [this] [remember]
B: 네, 이번에는 기억했어요.

I remembered bringing my homework with me.
제 숙제를 가져오는 것을 기억했어요.

[here] [homework] [is] [my]
여기 제 숙제가 있어요.

2

A: I regret to inform you that she will not join us.
A: 그녀가 우리에게 합류하지 않을 것을 알려드리게 되어 유감이에요.

B: [oh] [for] [have been] [her] [I] [not again] [waiting]
B: 오, 또 그런 일이! 저는 그녀를 기다리고 있는 중인데요.

I regretted telling her that her ex-boyfriend would come.
제가 그녀에게 그녀의 예전 남자 친구가 온다고 말한 것이 후회스러워요.

[have] [I] [said] [shouldn't] [that]
제가 그걸 말하지 말았어야 했는데요.

Second Hint

2
regret 후회하다
inform 알리다

3

A: Don't forget to turn off the light!

B: [oh] [I] [left] [the light] [no] [on]

I forgot turning off the light again.

[back] [go] [have to] [I]

A: 불 끄는 걸 잊지 마세요!

B: 오, 이런! 불을 켜놓고 왔네요.

불 끄는 것을 또 잊어버렸어요.

돌아가봐야겠어요.

write AGAIN

다시 쓰기

앞서 만든 짧은 문단 전체를 이어서 다시 써 보세요.

1

네, 이번에는 기억했어요. 제 숙제를 가져오는 것을 기억했어요. 여기 제 숙제가 있어요.

2

오, 또 그런 일이! 저는 그녀를 기다리고 있는 중인데요. 제가 그녀에게 그녀의 예전 남자 친구가 온다고 말한 것이 후회스러워요. 제가 그걸 말하지 말았어야 했는데요.

3

오, 이런! 불을 켜놓고 왔네요. 불 끄는 것을 또 잊어버렸어요. 돌아가봐야겠어요.

여기서 끝이 아니다!
Speed Writing Book에서
빨리 쓰기 훈련을 통해
완전히 내 것으로 소화시키세요.

Training 45 remember, regret, forget 뒤에 to부정사와 동명사 구분해서 쓰기

writing WORK

QUESTIONing

질문 &
답변 문장
만들기

Wh- question 또는 일반의문문의 문장을 만들어 보세요. 그런 다음 그 질문에 답하는 문장을 써 보세요.

1

Q Remember to bring your homework with you.

B 네, 제 숙제를 가지고 오는 것을 기억했어요.

....

Q 나에게 보여줄래? `show`

....

2

Q I regret to inform you that she will not join us.

B 오, 또 그런 일이! 내가 그녀에게 그녀의 예전 남자 친구가 온다고 말한 것이 후회스럽구나.

....

Q 그가 정말로 오니? `coming`

....

3

Q Don't forget to turn off the light!

B 오, 이런! 나는 불 끄는 것을 또 잊어버렸어.

....

Q 너 돌아가기를 원하니? `go back`

....

writing WORK 05

PERFECT sentence

완벽한 문장 쓰기

'remember, regret, forget 뒤에 to부정사와 동명사'를 사용하여 문법상 오류가 없는 완벽한 문장을 만들어 보세요.

1 remember to

2 regret -ing

3 forget to

4 remember -ing

5 forget -ing

Training **45** remember, regret, forget 뒤에 to부정사와 동명사 구분해서 쓰기

자주 사용되는 조동사 1

이번 과에서는 can, could, should, ought to 등 자주 사용되는 조동사를 사용하여 문장을 만드는 훈련을 해 봅니다.

다음 문법 지식을 알아두면
문장을 만들 때 훨씬 쉽게 만들 수 있습니다.

TARGET GRAMMAR

조동사	일반동사에 부가적인 뜻을 더해 내용이 좀 더 풍부해지도록 도와주는 동사를 말한다. 조동사를 쓰면 일반동사의 '시제'나 '인칭'을 변환하지 않아도 되므로 동사 사용이 쉽다.
can	능력이나 허락을 나타내는 조동사이다. 주로 '~할 수 있다, ~해도 된다'로 해석한다.
could	can의 과거 또는 can의 약한 미래로 사용된다. 주로 '~할 수 있었다(과거)' 또는 '~할 수 있을 거야(미래)'로 해석한다.
should	의무나 충고를 나타내는 조동사이다. 주로 '~해야 된다'로 해석한다.
ought to	should와 해석은 같지만 더 강한 의무나 충고를 나타낸다.

writing WORK 01

SUBSTITUTION table
바꿔 쓰기

주어진 문장을 참고하여 단어를 바꿔서 새로운 문장을 만들어 보세요.

1

Don't worry. He **can** handle the problem by himself.
걱정하지 마세요. 그는 자기 혼자 그 문제를 처리할 수 있어요.

도전 문장 ① 걱정하지 마세요. 그는 자기 혼자 길을 찾을 수 있어요. `way`

도전 문장 ② 걱정하지 마세요. 저는 저 혼자 그것을 증명할 수 있어요. `prove`

2

You **could** save time if you go this way.
당신은 시간을 절약할 수 있어요, 만일 당신이 이 길로 간다면.

도전 문장 ① 당신은 당신이 머무는 것을 연장할 수 있어요, 만일 (비용을) 더 지불하기만 한다면. `extend`

도전 문장 ② 당신은 기회를 한 번 더 가질 수 있어요, 만일 요청을 한다면. `one more`

3

You and I **should** attend the class the day after tomorrow. 당신과 저는 내일 모레 그 수업에 참석해야만 해요.

도전 문장 ① 당신과 저는 합의를 위해 협의해야 해요. `settlement`

도전 문장 ② 당신과 저는 서로에게 한발씩 양보해야만 해요. `concession • each other`

Second Hint

1
handle 처리하다
problem 문제
by oneself 혼자
way 길
prove 증명하다

2
save 절약하다
extend 연장하다

3
attend 참석하다
settlement 합의
concession 양보
each other 서로

writing WORK 02

ADD detail

살 붙여 쓰기

내용상 흐름이 자연스럽게 이어지도록 주어진 문장의 앞과 뒤에 문장을 추가해 짧은 문단을 만들어 보는 순서입니다.
주어진 단어를 순서에 맞게 배열하여 완성 문장을 만들어 보세요.

1

`experience` `has` `over ten years'` `he` 그는 10년이 넘는 경험을 가지고 있어요.

Don't worry. He can handle the problem by himself. 걱정하지 마세요. 그는 자기 혼자 그 문제를 처리할 수 있어요.

`do` `he` `knows` `to` `what` 그는 무엇을 해야 하는지 알아요.

2

`a` `is` `shortcut` `this` 이게 지름길이에요.

You could save time if you go this way. 당신은 시간을 절약할 수 있어요, 만일 당신이 이 길로 간다면.

`20 minutes` `it` `less` `take` `than` `will` 20분도 안 걸릴 거예요.

Second Hint

1
experience 경험

2
shortcut 지름길

3

[a class] [is] [miss] [shouldn't] 우리가 빠져서는 안 되는 수업이 있어.
[there] [we]

You and I should attend the class the day after tomorrow. 너하고 나는 내일 모레 그 수업에 참석해야만 해.

[calender] [down] [I] [my] [on] [will] 내 달력에 적어 놓을게.
[write it]

Second Hint

3
miss 놓치다
the day after tomorrow 모레
calendar 달력

write AGAIN

다시 쓰기

앞서 만든 짧은 문단 전체를 이어서 다시 써 보세요.

1

그는 10년이 넘는 경험을 가지고 있어요. 걱정하지 마세요. 그는 자기 혼자 그 문제를 처리할 수 있어요. 그는 무엇을 해야 하는지 알아요.

2

이게 지름길이에요. 당신은 시간을 절약할 수 있어요, 만일 당신이 이 길로 간다면. 20분도 안 걸릴 거예요.

3

우리가 빠져서는 안 되는 수업이 있어. 너하고 나는 내일 모레 그 수업에 참석해야만 해. 내 달력에 적어 놓을게.

여기서 끝이 아니다!
Speed Writing Book에서 빨리 쓰기 훈련을 통해 완전히 내 것으로 소화시키세요.

04

writing WORK

QUESTIONing

질문 & 답변 문장 만들기

Wh- question 또는 일반의문문의 문장을 만들어 보세요. 그런 다음 그 질문에 답하는 문장을 써 보세요.

1

Q Don't worry. He **can** handle the problem by himself.

Q 그가 무슨 문제를 가지고 있는데?   `have`

Q 그는 친구와 문제가 있어.   `with`

2

Q You **could** save time if you go this way.

Q 이게 지름길이니?   `shortcut`

Q 응, 나를 따라와.   `follow`

3

Q You and I **should** attend the class the day after tomorrow.

Q 그게 몇 시에 시작하지?   `start`

Q 내 생각에 그것은 3시에 시작해.   `at three`

writing WORK 05

PERFECT sentence

완벽한 문장 쓰기

주어진 '조동사'를 사용하여 문법상 오류가 없는 완벽한 문장을 만들어 보세요.

1. can

2. could

3. should

4. ought to

5. could not

자주 사용되는 조동사 2

이번 과에서는 have to, must, be supposed to 등의 조동사를 사용하여 문장을 만드는 훈련을 해 봅니다.

다음 문법 지식을 알아두면
문장을 만들 때 훨씬 쉽게 만들 수 있습니다.

TARGET GRAMMAR

have to	ought to보다 강한 의무나 충고를 나타낸다. 주로 '~해야만 한다'로 해석한다.
must	have to와 해석은 비슷하나 훨씬 더 강한 의무나 충고를 나타낸다.
be supposed to	should, have to, must를 쓰지 않고 좀 더 완곡하고 부드러운 의무나 충고를 나타낼 때 쓴다.
be to	be supposed to의 강조 표현이다.
may	추측이나 공손한 허락을 나타낸다. 주로 '~일지도 모른다' 또는 '~해도 좋다'로 해석한다.
might	may의 과거로도 쓰고 may보다 좀 더 불확실한 추측을 나타낼 때도 쓴다.

writing WORK

SUBSTITUTION table

바꿔 쓰기

주어진 문장을 참고하여 단어를 바꿔서 새로운 문장을 만들어 보세요.

1

We may visit our grandmother during this vacation.
우리는 이번 방학 동안 우리 할머니를 방문할지도 몰라요.

도전 문장 ❶ 우리는 이 활동 중에 어느 정도 어려움을 접하게 될지도 몰라요.   `difficulties`

도전 문장 ❷ 우리는 그것에 대해 어느 정도 반대 의견을 듣게 될지도 몰라요.   `contrary opinions`

2

People have to have someone to depend on.
사람들은 누군가 의지할 사람이 있어야 돼요.

도전 문장 ❶ 당신은 당신 자신에 대해 자신감을 가져야 돼요.   `confidence`

도전 문장 ❷ 당신은 그것을 있는 그대로 인정해야 돼요.   `admit • as it is`

Second Hint

1
difficulty 어려움
contrary 반대
opinion 의견

2
depend on ~을 의지하다
confidence 자신감
admit 인정하다
as it is 있는 그대로

3

I think she must see a doctor.
저는 그녀가 의사를 봐야 한다고 생각해요.

도전 문장 ❶ 저는 그녀가 치료를 받아야 한다고 들었어요.   `medical attention`

도전 문장 ❷ 저는 그녀가 그렇게 말해선 안 된다고 생각해요.   `must not`

writing WORK 01
SUBSTITUTION table

Second Hint

3
medical 의료적인, 치료의
attention 관심

Training 47 자주 사용되는 조동사 2

writing WORK

02 ADD detail

살 붙여 쓰기

내용상 흐름이 자연스럽게 이어지도록 주어진 문장의 앞과 뒤에 문장을 추가해 짧은 문단을 만들어 보는 순서입니다.
주어진 단어를 순서에 맞게 배열하여 완성 문장을 만들어 보세요.

1

a | be | family reunion | summer | there | this | will

이번 여름에 가족 모임이 있을 거예요.

We may visit our grandmother during this vacation.

저희는 이번 방학 동안 저희 할머니를 방문할지도 몰라요.

am | I | it | looking forward | to

저는 그것을 학수고대하고 있는 중이에요.

2

animals | are | people | say | social | we

사람들이 말하기를 우리는 사회적 동물이래요.

People have to have someone to depend on.

사람들은 누군가 의지할 사람이 있어야 돼요.

can't be | completely | independent | we

우리는 완전히 독립적으로 살 수는 없어요.

Second Hint

1
family reunion 가족 모임
visit 방문하다
look forward to ~을 고대하다

2
social 사회적
completely 완전히
independent 독립적인

writing WORK 02 — ADD detail

3

`days` `doesn't` `look good` `she` `these`   그녀는 요즘 (상태가) 좋아 보이지 않아요.

I think she must see a doctor.   저는 그녀가 의사를 봐야 한다고 생각해요.

`a doctor` `go` `must` `see` `she`   그녀는 가서 의사의 진찰을 받아야 돼요.

Second Hint

3

see a doctor
의사의 진찰을 받다

Training 47 자주 사용되는 조동사 2

writing WORK 03

write AGAIN

다시 쓰기

앞서 만든 짧은 문단 전체를 이어서 다시 써 보세요.

1

이번 여름에 가족 모임이 있을 거예요. 저희는 이번 방학 동안 저희 할머니를 방문할지도 몰라요. 저는 그것을 학수고대하고 있는 중이에요.

2

사람들이 말하기를 우리는 사회적 동물이래요. 사람들은 누군가 의지할 사람이 있어야 돼요. 우리는 완전히 독립적으로 살 수는 없어요.

3

그녀는 요즘 (상태가) 좋아 보이지 않아요. 저는 그녀가 의사를 봐야 한다고 생각해요. 그녀는 가서 의사의 진찰을 받아야 돼요.

여기서 끝이 아니다!
Speed Writing Book에서
빨리 쓰기 훈련을 통해
*완전히 내 것으로 소화시키세요.

writing WORK

04 QUESTIONing

질문 & 답변 문장 만들기

Wh- question 또는 일반의문문의 문장을 만들어 보세요. 그런 다음 그 질문에 답하는 문장을 써 보세요.

1

Q We **may** visit our grandmother during this vacation.

B 너희 할머니께선 어디에 사시니? `live`

A 그 분은 시골에 사셔. `countryside`

2

Q People **have to** have someone to depend on.

B 당신은 누구를 의지하고 있나요? `who`

Q 내 가족이죠, 물론. `family`

3

Q I think she **must** see a doctor.

Q 왜? 그녀가 아프니? `sick`

Q 응, 안 좋아 보여. `look`

Second Hint

1
grandmother 할머니
vacation 방학
countryside 시골, 교외

—

3
sick 아픈
look ~해 보이다

writing WORK 05

PERFECT sentence

완벽한 문장 쓰기

주어진 '조동사'를 사용하여 문법상 오류가 없는 완벽한 문장을 만들어 보세요.

1 have to

2 must

3 be supposed to

4 may

5 might

자주 사용되는 조동사 3

이번 과에서는 will, be going to, would, used to 등의 조동사를 사용하여 문장을 만드는 훈련을 해 봅니다.

다음 문법 지식을 알아두면
문장을 만들 때 훨씬 쉽게 만들 수 있습니다.

TARGET GRAMMAR

will	미래를 말할 때 쓰는 대표적인 조동사이다. 주로 '~일 것이다'로 해석한다.
be going to	will보다 더 계획적이고 구체적인 미래의 계획을 말할 때 쓴다.
would	will의 과거로 쓰며 will보다 불확실한 미래를 말할 때도 쓴다. 그 외에 과거의 불규칙적인 습관을 말할 때도 쓴다. *Ex.* He **would** call you tomorrow. 그가 내일 당신에게 전화할 거예요. (will보다 불확실한 미래)
used to	과거의 규칙적인 습관을 말할 때 쓴다. 주로 '(과거에) ~하곤 했다'로 해석한다.

writing WORK

SUBSTITUTION table

바꿔 쓰기

주어진 문장을 참고하여 단어를 바꿔서 새로운 문장을 만들어 보세요.

1

I will be working at that time.
저는 그 시간에 일하고 있는 중**일 거예요**.

도전 문장 ❶ 저는 그때쯤이면 공부하고 있는 중**일 거예요**. — `by that time`

도전 문장 ❷ 저는 그 시간까지 기다리고 있는 중**일 거예요**. — `until`

2

We are going to have a final discussion within a week. 우리는 일주일 내로 최종 회의를 가질 계획이에요.

도전 문장 ❶ 우리는 지하철에서 만날 **계획이에요**. — `subway`

도전 문장 ❷ 우리는 긴 대화를 가질 **계획이에요**. — `conversation`

3

Seoul is not the same place that it used to be.
서울은 예전과 같은 곳이 아니에요.

도전 문장 ❶ 저는 **예전과 같은** 사람이 아니에요. — `used to be`

도전 문장 ❷ 그것은 **예전과 같은** 상태가 아니에요. — `condition`

Second Hint

1
by that time 그때쯤이면

3
used to be ~하곤 했다
condition 상태

writing WORK 02

ADD detail

살 붙여 쓰기

내용상 흐름이 자연스럽게 이어지도록 주어진 문장의 앞과 뒤에 문장을 추가해 짧은 문단을 만들어 보는 순서입니다.
주어진 단어를 순서에 맞게 배열하여 완성 문장을 만들어 보세요.

1

`arrive` `you` `call` `make sure` `me` `when` `you`

도착하면 꼭 제게 전화하세요.

I will be working at that time. 저는 그 시간에 일하고 있는 중일 거예요.

`after` `call` `home` `I` `leave` `receive` `will` `your` `I`

당신 전화 받고 나서 저는 집을 나설 거예요.

2

`around` `deadline` `is` `the` `the corner`

마감일이 다 되어 가요.

We are going to have a final discussion within a week. 우리는 일주일 내로 최종 회의를 가질 계획이에요.

`and then` `decide` `do` `to` `we` `what` `will`

그런 다음, 무엇을 할지 결정할 거예요.

Second Hint

1
make sure 확실히 ~하도록 하다
arrive 도착하다
leave 떠나다
receive 받다

2
deadline 마감일
decide 결정하다

137

Training **48** 자주 사용되는 조동사 3

3

`I` `in` `little` `live` `I` `Seoul` 저는 어렸을 때 서울에서 살았었어요.
`used to` `was` `when`

Seoul is not the same place that it used to be. 서울은 예전과 같은 곳이 아니에요.

`bigger` `has become` `it` `New York` 뉴욕보다 더 큰 도시가 되었어요.
`than` `a city`

Second Hint

3
bigger 더 큰

writing WORK 03

write AGAIN
다시 쓰기
앞서 만든 짧은 문단 전체를 이어서 다시 써 보세요.

1

도착하면 꼭 제게 전화하세요. 저는 그 시간에 일하고 있는 중일 거예요. 당신 전화 받고 나서 저는 집을 나설 거예요.

2

마감일이 다 되어 가요. 우리는 일주일 내로 최종 회의를 가질 계획이에요. 그런 다음, 무엇을 할지 결정할 거예요.

3

저는 어렸을 때 서울에서 살았었어요. 서울은 예전과 같은 곳이 아니에요. 뉴욕보다 더 큰 도시가 되었어요.

여기서 끝이 아니다!
Speed Writing Book에서
빨리 쓰기 훈련을 통해
완전히 내 것으로 소화시키세요.

writing WORK

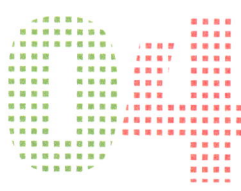

QUESTIONing

질문 & 답변 문장 만들기

Wh- question 또는 일반의문문의 문장을 만들어 보세요. 그런 다음 그 질문에 답하는 문장을 써 보세요.

1

Q I **will** be working at that time.

B 너는 언제 시간이 나니?   `going to be`

....

A 두 시 좀 지나서.   `sometime`

....

2

Q We **are going to** have a final discussion within a week.

B 그게 언제가 될까요?   `when`

....

A 아마 이번 주 목요일이요.   `probably`

....

3

Q Seoul is not the same place that it **used to** be.

B 네가 마지막으로 방문했을 때가 언제니?   `last time`

....

Q 그게 1992년이었어.   `it`

....

140
영어 라이팅 훈련 실천 확장 워크북 2

writing WORK

05

PERFECT sentence

완벽한 문장 쓰기

주어진 '조동사'를 사용하여 문법상 오류가 없는 완벽한 문장을 만들어 보세요.

1. will

" _____ "

2. be going to

" _____ "

3. used to

" _____ "

4. would (=used to)

" _____ "

5. would

" _____ "

Training 48 자주 사용되는 조동사 3

Training 49

review 앞서 써 본 문장들을 확실히 기억하고 있는지 빈칸을 채워 문장을 완성해 보세요.

1 이 감시 카메라는 여기서 일하는 사람들을 감시할 수 있어요.

This surveillance camera _____.

2 저는 그가 당신에게 속삭이는 것을 들었어요.

I _____.

3 그의 노력이 그를 성공하도록 만들어줬어요.

His _____.

4 그의 지원이 우리를 성장하도록 만들어줬어요.

His _____.

5 저희 선생님께서 저희가 그것을 수업 시간에 제출하도록 시키셨어요.

My teacher _____.

6 Max는 제가 이것을 하도록 격려한 사람이에요.

Max _____.

7 제가 이것을 나눌 수 있도록 허락해 주셔서 고마워요.

Thank you _____.

8 당신이 이번에는 지불하기로 제게 약속했잖아요.

You _____.

9 여행 일정표를 가져오는 것을 기억하세요.

Remember _____.

review & practice

review

10 제가 당신에게 바쁘다고 말한 것이 후회되네요.

I _____.

11 예약 확인 번호를 적어놓는 것을 잊지 마세요.

Don't forget _____.

12 걱정하지 마세요. 저는 저 혼자 그것을 증명할 수 있어요.

_____.

13 당신은 기회를 한 번 더 가질 수 있어요, 만일 요청을 한다면.

You _____.

14 당신과 저는 서로에게 한발씩 양보해야만 해요.

You and I _____.

15 우리는 이 활동 중에 어느 정도 어려움을 접하게 될지도 몰라요.

We _____.

16 당신은 그것을 있는 그대로 인정해야 돼요.

You _____.

17 우리는 긴 대화를 가질 계획이에요.

We _____.

18 저는 예전과 같은 사람이 아니에요.

I am _____.

Practice 앞에서 배운 문장 구조를 토대로 주어진 서술형 과제를 완성해 보세요.

서 술 하 기 Description & Narration

다음은 Monica가 Jella에게 보낸 이메일입니다. Jella가 보낼 답장 내용을 추측/상상해서 써 보세요.

New mail

To: jella@mail.com   Cc Bcc

Subject: Dear Jella

Dear Jella,

  Don't worry about giving me a burden. I think we are really good friends, and I want to be able to help you in any way I can. I just hope my advice can really help you.

  I totally understand how you wanted to help that boy in your class. But letting him cheat off your test paper is not a good idea! Now the teacher suspects both you and him. It didn't really help him, and it hurt your reputation.

  I always think that honesty is the best policy. Tell your teacher honestly what you did and why you did it. You should also tell your parents.

  Remember that everyone makes mistakes. It takes courage to admit those mistakes. I think everyone will respect you for telling the truth.

  Good luck, and please let me know what happens. I'll always be with you when you need someone to talk to.

Sincerely,
Monica

1. can watch people work here
2. heard him whisper to you
3. efforts made him succeed
4. support made us grow
5. had us submit it in class
6. is the one who encouraged me to do this
7. for allowing me to share this
8. promised me to pay this time
9. to bring the itinerary with you
10. regretted telling you that I was busy
11. to write down the confirmation number
12. Don't worry. I can prove it by myself
13. could have one more chance if you ask
14. should make a concession to each other
15. may face some difficulties during this activity
16. have to admit it as it is
17. are going to have a long conversation
18. not the same person that I used to be

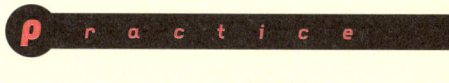

Sample Writing:

Dear Monica,

Thank you for your warm advice. Just hearing your words of support and guidance about my problem was of great help.

I thought it could be good for Paul. But it was my mistake. As you have suggested, I will tell my teacher about my mistake. I agree with your idea that I should talk to my teacher and my parents. They will tell me what to do to resolve the problem.

I don't know if they would forgive me or not, but it would be much better to ask some help than just keep lying.

Thank you for your advice.

Sincerely,
Jella

반대 사실을 나타내는 '조동사+have+과거분사'

이번 과에서는 would have p.p., should have p.p., could have p.p. 등의 표현을 사용하여 과거 사실과 반대되는 일을 상상해서 쓰는 훈련을 해 봅니다.

다음 문법 지식을 알아두면
문장을 만들 때 훨씬 쉽게 만들 수 있습니다.

TARGET GRAMMAR

would have+과거분사   과거 사실의 반대를 나타낸다. 주로 '~할 뻔했다, ~될 뻔했다'로 해석한다.

should have+과거분사   과거 사실의 반대를 나타낸다. 주로 '~했어야 했는데'로 해석한다.

could have+과거분사   과거 사실의 반대를 나타낸다. 주로 '~할 수도 있었다'로 해석한다.

might have+과거분사   과거 사실의 반대를 나타낸다. 주로 '~였을지도 모른다' 또는 '~했을지도 모른다'로 해석한다.

* 'would have, should have, could have, might have+과거분사'는 '~할 뻔했다'라는 의미의 'almost+과거 동사' 문장으로 바꿔 쓸 수 있다.

writing WORK 01

SUBSTITUTION table

바꿔 쓰기

주어진 문장을 참고하여 단어를 바꿔서 새로운 문장을 만들어 보세요.

1

I **should have listened** to her.
저는 그녀의 말을 **들었어야 했어요**.

도전 문장 ❶ 저는 이것을 그녀에게 **줬어야 했어요**.

도전 문장 ❷ 저는 그것을 조금 더 **했어야 했어요**.　　`done • a litte more`

2

You **could have poked** me with the pencil.
당신은 그 연필로 저를 **찌를 뻔했어요**.

도전 문장 ❶ 당신은 그 복권에 **당첨될 뻔했어요**.　　`won`

도전 문장 ❷ 당신은 손을 **다칠 뻔했어요**.　　`hurt`

3

The old food **almost had me sick**.
그 오래된 음식이 저를 **아프게 할 뻔했어요**.

도전 문장 ❶ 그 날카로운 모서리가 제 셔츠를 **찢을 뻔했어요**.　　`edge • tore`

도전 문장 ❷ 그는 그의 노트북 컴퓨터를 **떨어뜨릴 뻔했어요**.　　`dropped`

Second Hint

2
poke 찌르다
win a lottery 복권에 당첨되다
hurt 다치다

3
edge 가장자리
tear 찢다
drop 떨어뜨리다

writing WORK 02

ADD detail

살 붙여 쓰기

내용상 흐름이 자연스럽게 이어지도록 주어진 문장의 앞과 뒤에 문장을 추가해 짧은 문단을 만들어 보는 순서입니다.
주어진 단어를 순서에 맞게 배열하여 완성 문장을 만들어 보세요.

1

didn't | I | me | know | happen | this | to | would

이런 일이 저에게 생길지 몰랐어요.

I should have listened to her.   제가 그녀의 말을 들었어야 했어요.

advice | her | I | ignoring | regret

그녀의 조언을 무시한 것을 후회해요.

2

don't | pencil | raise | the

연필을 들지 마세요.

You could have poked me with the pencil.   당신은 그 연필로 저를 찌를 뻔했어요.

almost | it | jumper | Look! | my | penetrated

봐요! 그게 제 점퍼를 거의 뚫었다니까요.

Second Hint

1
happen (일 등이) 일어나다, 발생하다
advice 충고, 조언
ignore 무시하다

2
pencil 연필
raise 올리다, 들다
jumper 점퍼
penetrate 뚫다

writing WORK 02 — ADD detail

3

[have] [I] [shouldn't] [eaten] 저는 먹지 말았어야 했어요.

The old food almost had me sick. 그 오래된 음식이 저를 아프게 할 뻔 했어요.

[didn't] [I] [it] [know] [spoiled] [was] 저는 그게 상한 줄 몰랐어요.

Second Hint

3
sick 아픈, 병이 난
spoil 상한

writing WORK

write AGAIN
다시 쓰기

앞서 만든 짧은 문단 전체를 이어서 다시 써 보세요.

1

이런 일이 저에게 생길지 몰랐어요. 제가 그녀의 말을 들었어야 했어요. 그녀의 조언을 무시한 것을 후회해요.

2

연필을 들지 마세요. 당신은 그 연필로 저를 찌를 뻔했어요. 봐요! 그게 제 점퍼를 거의 뚫었다니까요.

3

저는 먹지 말았어야 했어요. 그 오래된 음식이 저를 아프게 할 뻔했어요. 저는 그게 상한 줄 몰랐어요.

여기서 끝이 아니다!
Speed Writing Book에서
빨리 쓰기 훈련을 통해
완전히 내 것으로 소화시키세요.

writing WORK 04

QUESTIONing
질문 & 답변 문장 만들기

Wh- question 또는 일반의문문의 문장을 만들어 보세요. 그런 다음 그 질문에 답하는 문장을 써 보세요.

1

- **Q** I **should have listened** to her.
- **B** 무슨 일인데? `going on`

- **Q** 나 바가지 썼어. `got ripped off`

2

- **Q** You **could have poked** me with the pencil.
- **B** 오, 미안해. 내가 너를 못 봤어. 너 괜찮니? `see`

- **Q** 나 괜찮아. `all right`

3

- **Q** The old food **almost had me sick**.
- **B** 너 많이 먹었니? `much`

- **Q** 응, 좀 먹었어. `some`

Second Hint

1
get ripped off 바가지 쓰다

writing WORK

05

PERFECT sentence

완 벽 한 문장 쓰기

'조동사+have+과거분사' 구문을 사용하여 문법상 오류가 없는 완벽한 문장을 만들어 보세요.

1 would have

2 should have

3 could have

4 might have

5 should have

Training 51 훈련

두 가지 상황 비교해서 쓰기

이번 과에서는 would rather 구문을 활용하여 두 가지 상황을 비교해서 쓰는 훈련을 해 봅니다.

다음 문법 지식을 알아두면
문장을 만들 때 훨씬 쉽게 만들 수 있습니다.

TARGET GRAMMAR

선호도 표현 방법 1 would rather + 동사원형(A) + than + 동사원형(B) → 주로 'B하느니 차라리 A하겠다'로 해석한다.

선호도 표현 방법 2 would rather + be + 현재분사(A) + than + 현재분사(B) → 주로 'B하느니 차라리 A하는 중이었으면 좋겠다, B하느니 차라리 A하는 중이고 싶다'로 해석한다.

writing WORK

SUBSTITUTION table

바꿔 쓰기

주어진 문장을 참고하여 단어를 바꿔서 새로운 문장을 만들어 보세요.

1

I would rather see this drama than the one you mentioned.

저는 당신이 말한 그것을 보느니 **차라리** 이 드라마를 **보겠어요**.

도전 문장 ① 저는 당신이 가지고 있는 것을 읽느니 **차라리** 이 책을 **읽겠어요**. — read

도전 문장 ② 저는 당신이 앉아 있는 자리에 앉느니 **차라리** 이 자리에 **앉겠어요**. — seat • sitting

2

I would rather work with you than the man I met yesterday.

저는 어제 만난 그 남자와 일하느니 **차라리** 당신과 **일하겠어요**.

도전 문장 ① 저는 당신이 어제 제게 소개한 그 사람과 가느니 **차라리** 당신과 **가겠어요**. — introduced

Second Hint

1
would rather 차라리 ~하는 게 낫겠다
mention 언급하다
seat 자리
sit 앉다

2
introduce 소개하다

도전 문장 ② 저는 당신이 만든 수프를 먹느니 **차라리** 이것을 **먹겠어요**. — soup

3

I would rather be writing an essay than solving a math problem.

저는 수학 문제를 풀고 있느니 차라리 에세이를 쓰고 있겠어요.

writing WORK 01
SUBSTITUTION table

도전 문장 ❶ 저는 이 텐트 속에서 자고 있느니 차라리 제 침대 속에서 **자겠어요**. `tent`

도전 문장 ❷ 저는 그저 음악을 듣고 있느니 **차라리 연주하겠어요**. `play`

Second Hint

3
solve 문제를 풀다
math 수학
tent 텐트
play 연주하다

writing WORK 02

ADD detail

살 붙여 쓰기

내용상 흐름이 자연스럽게 이어지도록 주어진 문장의 앞과 뒤에 문장을 추가해 짧은 문단을 만들어 보는 순서입니다.
주어진 단어를 순서에 맞게 배열하여 완성 문장을 만들어 보세요.

1

be | drama | interesting | seems to | this

이 드라마는 재미있어 보여요.

I would rather see this drama than the one you mentioned.

저는 당신이 말한 그것을 보느니 차라리 이 드라마를 보겠어요.

and | I | it | got | scene | sucked into | the first | watched

저는 첫 장면을 보고 그것에 빠져 들었어요.

2

am | are | I | looking for | the one | you

당신은 제가 찾고 있는 바로 그 사람이에요.

I would rather work with you than the man I met yesterday.

저는 어제 만난 그 남자와 일하느니 차라리 당신과 일하겠어요.

can | each other | for | good | make | partners | we

우리는 서로 좋은 파트너가 될 수 있어요.

Second Hint

1
interesting 재미있는
scene 장면
get sucked into ~에 빠져들게 되다, ~에 중독되다

2
each other 서로

3

[am] [good at] [I] [writing]

저는 글쓰기를 잘해요.

I would rather be writing an essay than solving a math problem.

저는 수학 문제를 풀고 있느니 차라리 에세이를 쓰고 있겠어요.

[not] [am] [good at] [I] [numbers]

저는 숫자에 약하거든요.

Second Hint

3
be good at ~을 잘하다
number 숫자

writing WORK 03
write AGAIN
다시 쓰기

앞서 만든 짧은 문단 전체를 이어서 다시 써 보세요.

1

이 드라마는 재미있어 보여요. 저는 당신이 말한 그것을 보느니 차라리 이 드라마를 보겠어요. 저는 첫 장면을 보고 그것에 빠져들었어요.

2

당신은 제가 찾고 있는 바로 그 사람이에요. 저는 어제 만난 그 남자와 일하느니 차라리 당신과 일하겠어요. 우리는 서로 좋은 파트너가 될 수 있어요.

3

저는 글쓰기를 잘해요. 저는 수학 문제를 풀고 있느니 차라리 에세이를 쓰고 있겠어요. 저는 숫자에 약하거든요.

여기서 끝이 아니다!
Speed Writing Book에서
빨리 쓰기 훈련을 통해
★ 완전히 내 것으로 소화시키세요.

writing WORK 04

QUESTIONing

질 문 &
답변 문장
만 들 기

Wh- question 또는 일반의문문의 문장을 만들어 보세요. 그런 다음 그 질문에 답하는 문장을 써 보세요.

1

Q I **would rather see** this drama **than** the one you mentioned.

B 나를 믿어봐. 내가 언급한 것은 정말 좋아. [the one]

A 너 확실해? [sure]

2

Q I **would rather work** with you **than** the man I met yesterday.

B 나 역시 너와 일하고 싶어. [work with]

A 우리 언제 시작할 수 있니? [start]

3

Q I **would rather be writing** an essay **than** solving a math problem.

B 나 역시 수학을 싫어해. [either]

A 누가 수학을 좋아하겠어? [who]

Second Hint

3
either 양쪽 다 ~ 아닌

05

PERFECT sentence

완벽한 문장 쓰기

'두 가지 상황을 비교하는 표현'을 사용하여 문법상 오류가 없는 완벽한 문장을 만들어 보세요.

1
would rather ~ than ~

" ______________________________ "

2
would rather be -ing than -ing

" ______________________________ "

3
would rather ~ than ~

" ______________________________ "

4
would rather be -ing than -ing

" ______________________________ "

5
would rather ~ than ~

" ______________________________ "

부사절 1

이번 과에서는 부사절을 이끄는 접속사 when, before, because 등을 사용하여 부사절을 쓰는 훈련을 해 봅니다.

다음 문법 지식을 알아두면
문장을 만들 때 훨씬 쉽게 만들 수 있습니다.

TARGET GRAMMAR

| 부사절 | 문장 내에서 부사 역할을 하는 절을 말하며 '부사절을 이끄는 접속사 + 주어 + 동사 ~' 형태가 된다. 부사절을 이끄는 접속사로는 when, before, after, until, as soon as, because 등이 있다. |

| 결론절 | 부사절은 내용상 미완성 상태이다. 그래서 그 미완성된 내용을 마무리해주는 문장이 동반되어야 하는데, 그것을 결론절이라고 한다. 그러므로 부사절이 있으면 항상 결론절이 있다고 보면 된다. |

writing WORK

SUBSTITUTION table

바꿔 쓰기

주어진 문장을 참고하여 단어를 바꿔서 새로운 문장을 만들어 보세요.

1

10 a.m. is the time when I get up during summer vacation.

오전 10시가 제가 여름방학 중에 일어나는 시간이에요.

도전 문장 ❶ 오후 10시가 제가 자러 가는 시간이에요.　　　　`go to bed`

....
....
....

도전 문장 ❷ 오전 9시가 제가 사무실에서 일을 시작하는 시간이에요.　　`start work`

....
....
....

2

Because there are a few mistakes in this draft, I need to read it again and correct them.

이 초안에는 약간의 실수가 있기 때문에, 저는 그것을 다시 읽고 고칠 필요가 있어요.

도전 문장 ❶ 이 서류에는 실수가 하나도 없기 때문에, 저는 그것을 다시 읽을 필요가 없어요.　`no mistake`

....
....
....

도전 문장 ❷ 이 결과에 대해 몇 가지 이유가 있기 때문에, 우리는 그것을 다시 검토할 필요가 있어요.　`reasons`

....
....
....

Second Hint

1
go to bed 잠자리에 들다

2
mistake 실수
draft 초안
correct 고치다
review 검토하다

3

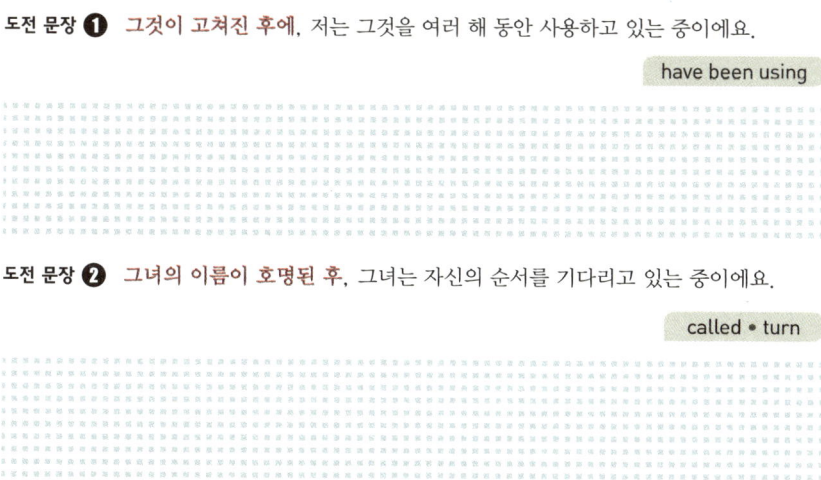

After the area was redeveloped, it has been like this for many years.
그 지역이 재개발된 후에, 여러 해 동안 이런 상태로 있어요.

도전 문장 ❶ 그것이 고쳐진 후에, 저는 그것을 여러 해 동안 사용하고 있는 중이에요.

have been using

도전 문장 ❷ 그녀의 이름이 호명된 후, 그녀는 자신의 순서를 기다리고 있는 중이에요.

called • turn

Second Hint

3
area 지역
redevelop 재개발하다
call 부르다
turn 순서

writing WORK

ADD detail

살 붙여 쓰기

내용상 흐름이 자연스럽게 이어지도록 주어진 문장의 앞과 뒤에 문장을 추가해 짧은 문단을 만들어 보는 순서입니다.
주어진 단어를 순서에 맞게 배열하여 완성 문장을 만들어 보세요.

1

during | I | late | usually | vacation | wake up

10 a.m. is the time when I get up during summer vacation.

a day | feel like | I | seems | short | very

저는 방학 동안에 대개 늦게 일어나요.

오전 10시가 제가 여름방학 동안에 일어나는 시간이에요.

저는 하루가 매우 짧은 것처럼 느껴져요.

2

draft | is | my | rough | this

Because there are a few mistakes in this draft, I need to read it again and correct them.

final | in | mistakes | my | no | paper | there | will | be

이것이 저의 대략적인 초안이에요.

이 초안에는 약간의 실수가 있기 때문에, 저는 그것을 다시 읽고 고칠 필요가 있어요.

제 최종본에는 실수가 없을 거예요.

Second Hint

1
wake up 잠에서 깨어나다
late 늦은
get up 기상하다

2
rough 대략적인
draft 초안

3

[abandoned] [area] [in the past] [this] [was]

과거에는 이 지역이 버려졌었어요.

After the area was redeveloped, it has been like this for many years.

그 지역이 재개발된 후에, 여러 해 동안 이런 상태로 있어요.

[moving in] [people] [started] [have]

사람들이 이주해오기 시작했거든요.

Second Hint

3
abandon 포기하다
in the past 과거에
move in 이주해오다

write AGAIN
다시 쓰기

앞서 만든 짧은 문단 전체를 이어서 다시 써 보세요.

1

저는 방학 동안에 대개 늦게 일어나요. 오전 10시가 제가 여름 방학 동안에 일어나는 시간이에요. 저는 하루가 매우 짧은 것처럼 느껴져요.

2

이것이 저의 대략적인 초안이에요. 이 초안에는 약간의 실수가 있기 때문에, 저는 그것을 다시 읽고 고칠 필요가 있어요. 제 최종본에는 실수가 없을 거예요.

3

과거에는 이 지역이 버려졌었어요. 그 지역이 재개발된 후에, 여러 해 동안 이런 상태로 있어요. 사람들이 이주해오기 시작했거든요.

여기서 끝이 아니다!
Speed Writing Book에서
빨리 쓰기 훈련을 통해
★완전히 내 것으로 소화시키세요.

writing WORK 04

QUESTIONing

질 문 &
답변 문장
만 들 기

Wh- question 또는 일반의문문의 문장을 만들어 보세요. 그런 다음 그 질문에 답하는 문장을 써 보세요.

1

Q 10 a.m. is the time **when I get up** during summer vacation.

B 넌 보통 몇 시에 일어나?　　　　　　　　　　`usually`

Q 나는 오전 6시에 일어나.　　　　　　　　　　`get up`

2

Q **Because there are** a few mistakes in this draft, I need to read it again and correct them.

B 그 초안이 얼마나 긴가요?

Q 그건 10페이지예요.

3

Q **After the area was redeveloped**, it has been like this for many years.

B (그동안) 변화가 좀 있었어.　　　　　　　　`there • been`

Q 주변을 좀 더 구경해 볼래?　　　　　　　　`want • look`

Second Hint

1
usually 보통

3
look around 구경하다

Training 52 부사절 1

writing WORK 05

PERFECT sentence

완벽한 문장 쓰기

'부사절'을 사용하여 문법상 오류가 없는 완벽한 문장을 만들어 보세요.

1 when S+V

2 after S+V

3 as soon as S+V

4 because S+V

5 until S+V

Training 53

부사절 2

이번 과에서는 as long as, as far as, although 등의 부사절을 이끄는 접속사를 사용하여 문장을 만드는 훈련을 해 봅니다.

다음 문법 지식을 알아두면
문장을 만들 때 훨씬 쉽게 만들 수 있습니다.

TARGET GRAMMAR

부사절을 이끄는 어구 모든 문장에 as long as, as far as, although, even though, as if를 쓰면 부사절이 된다.
Ex. **As long as** you follow the rule, you will be safe.
당신이 그 규칙을 따르기만 **한다면**, 당신은 안전할 거예요.

독립절 부사절이 없이도 문장이나 내용 면에서 완벽한 '결론절'을 '독립절'이라고도 부른다.
Ex. Although he was busy, **he helped me**.
그는 바빴음에도 불구하고, **저를 도와주었어요**.

writing WORK

SUBSTITUTION table

바꿔 쓰기

주어진 문장을 참고하여 단어를 바꿔서 새로운 문장을 만들어 보세요.

1

Although she was not using her camera, she did not let me use it.

그녀는 그녀의 카메라를 사용하지 않고 있었음에도 불구하고, 저에게 그것을 사용하도록 허락하지 않았어요.

도전 문장 ❶ 그녀는 잠을 자고 있지 않았음에도 불구하고, 제가 TV 보는 것을 허락하지 않았어요.　`watch`

도전 문장 ❷ 그녀는 어제 학교를 결석했음에도 불구하고, 숙제를 했어요.　`absent`

2

Most people on the street acted **as if nothing had happened**.

거리에 있던 대부분의 사람들이 마치 아무 일도 일어나지 않은 것처럼 행동했어요.

도전 문장 ❶ 이 그룹에 있는 대부분의 사람들이 마치 아무 일도 일어나지 않은 것처럼 행동했어요.　`majority`

Second Hint

1
although ~에도 불구하고
absent 결석한

2
act 행동하다
nothing 아무것
gesture 제스처를 취하다

writing WORK

01

SUBSTITUTION table

도전 문장 ❷ 거리에 있던 일부 사람들은 **마치 무슨 일이 일어난 것처럼** 제스처를 취했어요.

gestured

3

As long as you have a passion to study, it's not too late to go to university.

당신이 공부하고 싶은 열정이 있는 한, 대학교에 가는 것이 너무 늦은 것은 아니에요.

도전 문장 ❶ 당신이 방향을 아는 한, 그것을 찾는 것이 너무 어렵지는 않아요.

directions

도전 문장 ❷ 우리가 함께 일하는 한, 그것이 문제가 되지는 않을 거예요.

together • be not going to

Second Hint

3

as long as ~하는 한
passion 열정
university 대학교
directions 방향

171

Training **53** 부사절 2

writing WORK 02

ADD detail

살 붙여 쓰기

내용상 흐름이 자연스럽게 이어지도록 주어진 문장의 앞과 뒤에 문장을 추가해 짧은 문단을 만들어 보는 순서입니다.
주어진 단어를 순서에 맞게 배열하여 완성 문장을 만들어 보세요.

1

| camera | her | I | really | to | use | wanted |

저는 정말로 그녀의 카메라를 사용하고 싶었어요.

Although she was not using her camera, she did not let me use it.

그녀는 그녀의 카메라를 사용하지 않고 있었음에도 불구하고, 저에게 그것을 사용하도록 허락하지 않았어요.

| a way | borrow | find | to | I | it | need to |

저는 그것을 빌릴 방법을 찾을 필요가 있어요.

Second Hint

1
borrow 빌리다
find 찾다
—
2
in the middle of ~의 한복판에서
a big deal 큰일

2

| happened | it | the street | in the middle of |

그것은 거리 한복판에서 일어났어요.

Most people on the street acted as if nothing had happened.

거리에 있던 대부분의 사람들이 마치 아무 일도 일어나지 않은 것처럼 행동했어요.

| deal | it | not | seemed | a big | them | to | was | what happened |

일어난 일이 그들에게는 큰일이 아닌 것처럼 보였어요.

3

| important | is | it | keep | studying |
| to |

지속적으로 공부하는 것은 중요해요.

As long as you have a passion to study, it's not too late to go to university.

당신이 공부하고 싶은 열정이 있는 한, 대학교에 가는 것이 너무 늦은 것은 아니에요.

| is | learn | no one | old | to | too |

나이가 너무 많아 못 배우는 사람은 없어요.

Second Hint

3
important 중요한
keep -ing 계속해서 ~을 하다

write AGAIN

다시 쓰기

앞서 만든 짧은 문단 전체를 이어서 다시 써 보세요.

1

저는 정말로 그녀의 카메라를 사용하고 싶었어요. 그녀는 그녀의 카메라를 사용하지 않고 있었음에도 불구하고, 저에게 그것을 사용하도록 허락하지 않았어요. 저는 그것을 빌릴 방법을 찾을 필요가 있어요.

2

그것은 거리 한복판에서 일어났어요. 거리에 있던 대부분의 사람들이 마치 아무 일도 일어나지 않은 것처럼 행동했어요. 일어난 일이 그들에게는 큰일이 아닌 것처럼 보였어요.

3

지속적으로 공부하는 것은 중요해요. 당신이 공부하고 싶은 열정이 있는 한, 대학교에 가는 것이 너무 늦은 것은 아니에요. 나이가 너무 많아 못 배우는 사람은 없어요.

여기서 끝이 아니다!
Speed Writing Book에서
빨리 쓰기 훈련을 통해
✱ 완전히 내 것으로 소화시키세요.

writing WORK

04

QUESTIONing

질 문 & 답변 문장 만들기

Wh- question 또는 일반의문문의 문장을 만들어 보세요. 그런 다음 그 질문에 답하는 문장을 써 보세요.

1

Q **Although she was not using her camera**, she did not let me use it.

B 그건 틀림없이 비싼 것일 거야. [must be]

A 네가 나를 위해서 그녀에게 부탁해 줄 수 있겠니? [ask]

2

Q Most people on the street acted **as if nothing had happened**.

B 아마 그게 그들에게는 중요하지 않았나 보지. [maybe]

Q 너 그렇게 생각하니? [so]

3

Q **As long as you have a passion to study**, it's not too late to go to university.

B 내가 해낼 수 있을까? [make it]

Q 그럼, 뜻이 있는 곳에 길이 있는 거잖아. [where there is • will]

Second Hint

1
expensive 비싼
ask 부탁하다

2
act 행동하다
important 중요한

3
will 의지, 뜻

175

Training **53** 부사절 2

writing WORK 05

PERFECT sentence

완벽한 문장 쓰기

'부사절'을 사용하여 문법상 오류가 없는 완벽한 문장을 만들어 보세요.

1. as long as S+V

2. as far as S+V

3. although S+V

4. even though S+V

5. as if S+V

Training 54 훈련

부사절을 부사구로 바꿔서 쓰기

이번 과에서는 부사절을 부사구로 바꿔서 쓰는 훈련을 해 봅니다.

다음 문법 지식을 알아두면
문장을 만들 때 훨씬 쉽게 만들 수 있습니다.

TARGET GRAMMAR

절	주어와 동사가 있는 문장을 말한다.
구	주어와 동사가 없는 단어의 모임을 말한다.
부사구	문장에서 부사 역할을 하는 구를 말하며, 부사절에서 주어와 동사를 생략한 것이다.
부사구에 쓰인 -ing 또는 -ed	분사(현재분사 -ing 또는 과거분사 -ed)가 쓰인 절에서 주어와 be동사만 생략하고 그대로 놔두거나 부사절에서 주어를 생략하고 동사 원형에 -ing 또는 -ed를 붙여 만든다.

writing WORK

SUBSTITUTION table

바꿔 쓰기

주어진 문장을 참고하여 단어를 바꿔서 새로운 문장을 만들어 보세요.

1

Before making a reservation at the restaurant, why don't you check the price?
그 식당에 예약을 하기 전에 가격을 확인해보는 것이 어때요?

도전 문장 ❶   그것을 묶음으로 사기 전에 당신은 가격을 확인해야 돼요.   `in packs`

도전 문장 ❷   소풍 갈 계획을 짜기 전에 기상 상태를 확인해보는 것이 어때요?   `weather conditions`

2

After purchasing it, you cannot refund it.
그것을 구입한 후에는 환불을 할 수 없어요.

도전 문장 ❶   그것을 보낸 후에는 그것을 지울 수 없어요.   `erase`

도전 문장 ❷   그것을 뭔가에 붙인 후에는 그것을 뗄 수 없어요.   `sticking • take off`

Second Hint

1
reservation 예약
check 확인하다
price 가격
in packs 묶음으로

2
purchase 구매하다
refund 환불하다
erase 지우다
stick 붙이다
take off 떼어 내다

3

writing WORK

SUBSTITUTION table

While thinking about it over the weekend, I found something suspicious.
그것에 대해 주말 내내 생각해보는 동안 저는 뭔가 미심쩍은 것을 발견했어요.

도전 문장 ❶ 제 방을 청소하는 동안 저는 제 옛날 사진을 찾았어요. `old picture`

도전 문장 ❷ 빨래를 하는 동안 저는 주머니에서 10달러짜리 지폐 두 장을 찾았어요. `laundry • ten-dollar bills`

Second Hint

3
suspicious 의심스러운
laundry 세탁, 빨래
bill 지폐

writing WORK 02

ADD detail

살 붙여 쓰기

내용상 흐름이 자연스럽게 이어지도록 주어진 문장의 앞과 뒤에 문장을 추가해 짧은 문단을 만들어 보는 순서입니다.
주어진 단어를 순서에 맞게 배열하여 완성 문장을 만들어 보세요.

1

| do | go | really | the restaurant | to | want to | you |

정말 그 식당에 가고 싶어요?

Before making a reservation at the restaurant, why don't you check the price?

그 식당에 예약을 하기 전에 가격을 확인해 보는 것이 어때요?

| and then | directions | get | it | to |

그런 다음 거기로 가는 길을 알아보세요.

2

| I | of | you | policy | remind | would like to | our |

저는 당신에게 우리의 방침을 상기시켜 드리고 싶어요.

After purchasing it, you cannot refund it.

그것을 구입한 후에는 환불을 할 수 없습니다.

| another | can | but | exchange | for | it | you |

하지만 다른 것으로 교환하실 수는 있어요.

Second Hint

1
make a reservation 예약하다
restaurant 식당

2
policy 정책
remind 상기시키다

3

[good] [looked] [proposal] [the]

그 제안은 좋아 보였어요.

While thinking about it over the weekend, I found something suspicious.

그것에 대해 주말 내내 생각해보는 동안, 저는 뭔가 미심쩍은 것을 발견했어요.

[I] [it] [more] [need] [time] [to study]

저는 그것을 좀 더 조사할 시간이 필요해요.

Second Hint

3
proposal 제안
weekend 주말
suspicious 의심스러운
study 조사하다

write AGAIN
다시 쓰기

앞서 만든 짧은 문단 전체를 이어서 다시 써 보세요.

1

정말 그 식당에 가고 싶어요? 그 식당에 예약을 하기 전에 가격을 확인해 보는 것이 어때요? 그런 다음 거기 가는 약도를 구해 보세요.

2

저는 당신에게 우리의 방침을 상기시켜 드리고 싶어요. 그것을 구입한 후에는 환불을 할 수 없습니다. 하지만 다른 것으로 교환하실 수는 있어요.

3

그 제안은 좋아 보였어요. 그것에 대해 주말 내내 생각해보는 동안, 저는 뭔가 미심쩍은 것을 발견했어요. 저는 그것을 좀 더 조사할 시간이 필요해요.

여기서 끝이 아니다!
Speed Writing Book에서
빨리 쓰기 훈련을 통해
★ 완전히 내 것으로 소화시키세요.

writing WORK 04
QUESTIONing

질문 &
답변 문장
만들기

Wh- question 또는 일반의문문의 문장을 만들어 보세요. 그런 다음 그 질문에 답하는 문장을 써 보세요.

1

Q Before making a reservation at the restaurant, why don't you check the price?

B 벌써 했어. `already`

Q 그게 얼마였는데? `how much`

2

Q After purchasing it, you cannot refund it.

B 교환은 할 수 있나요? `exchange`

Q 네, 다른 사이즈나 색깔로 교환하실 수는 있어요. `for another size`

3

Q While thinking about it over the weekend, I found something suspicious.

B 뭐가 의심스러웠는데?

Q 서명이 달랐어. `signature`

Second Hint

1
already 벌써

3
signature 서명

Training 54 부사절을 부사구로 바꿔서 쓰기

writing WORK 05

PERFECT sentence

완벽한 문장 쓰기

'부사구'를 사용하여 문법상 오류가 없는 완벽한 문장을 만들어 보세요.

1. after -ing
"   "

2. before -ing
"   "

3. while -ing
"   "

4. once -ing
"   "

5. when -ing
"   "

review & practice

review
앞서 써 본 문장들을 확실히 기억하고 있는지 빈칸을 채워 문장을 완성해 보세요.

1 저는 이것을 그녀에게 줬어야 했어요.
I _____.

2 당신은 그 복권에 당첨될 뻔했어요.
You _____.

3 그는 그의 노트북 컴퓨터를 떨어뜨릴 뻔했어요.
He _____.

4 저는 당신이 가지고 있는 것을 읽느니 차라리 이 책을 읽겠어요.
I _____.

5 저는 당신이 만든 수프를 먹느니 차라리 이것을 먹겠어요.
I _____.

6 저는 그저 음악을 듣고 있느니 차라리 연주하겠어요.
I _____.

7 오후 10시가 제가 자러 가는 시간이에요.
10 p.m. _____.

8 오전 9시가 제가 사무실에서 일을 시작하는 시간이에요.
9 a.m. _____.

9 이 서류에는 실수가 하나도 없기 때문에, 저는 그것을 다시 읽을 필요가 없어요.
Because _____

_____.

review

10 그것이 고쳐진 후에, 저는 그것을 여러 해 동안 사용하고 있는 중이에요.

After _____.

11 그녀는 잠을 자고 있지 않았음에도 불구하고, 제가 TV 보는 것을 허락하지 않았어요.

Although _____

_____.

12 거리에 있던 일부 사람들은 마치 무슨 일이 일어난 것처럼 제스처를 취했어요.

Some people _____

_____.

13 당신이 방향을 아는 한, 그것을 찾는 것이 너무 어렵지는 않아요.

As long as you know _____.

14 소풍 갈 계획을 짜기 전에 기상 상태를 확인해보는 것이 어때요?

Before _____

_____?

15 그것을 보낸 후에는 그것을 지울 수 없어요.

After _____.

16 그것을 뭔가에 붙인 후에는 그것을 뗄 수 없어요.

After _____.

17 제 방을 청소하는 동안 저는 제 옛날 사진을 찾았어요.

While _____.

review & practice

practice
앞에서 배운 문장 구조를 토대로 주어진 서술형 과제를 완성해 보세요.

서술하기 Description & Narration

우리가 자주 사용하는 다음 일상 용품들을 묘사해 보세요.

1

2

3

4

1. should have given this to her
2. could have won the lottery
3. almost dropped his laptop
4. would rather read this book than the one you have
5. would rather eat this than the soup you made
6. would rather be playing music than just listening
7. is the time when I go to bed
8. is the time when I start work in the office
9. there is no mistake in this document, I don't need to read it again
10. it was fixed, I have been using it for many years
11. she was not sleeping, she did not let me watch TV
12. on the street gestured as if something had happened
13. the directions, it's not too difficult to find it
14. planning to go on a picnic, why don't you check the weather conditions
15. sending it, you cannot erase it
16. sticking it to something, you cannot take it off
17. cleaning my room, I found my old picture

Sample Writing:

1. It is a shopping cart that we use in a big supermarket. It has a large square-shaped space to carry grocery items and has four wheels to make it move easily. In the front, there is a seat that folds down. Small children can ride in this seat.
2. It is a hair dryer to blow our hair dry. We use it to make our hair look better. It is silver. But I cannot tell exactly if it is made of steel. It has a hole in front to let out the hot air. It also has a handle to make it easy for us to hold it.
3. It is a clothes hanger. We use it to hang our coats or shirts. It looks like a triangle. It prevents them from getting wrinkles. It looks like it is made of wood. It has a steel hook.
4. It is a remote control. With a remote control, we can change the TV channels while sitting on our couch by pushing a button. It has various kinds of buttons on it like channel buttons, volume control, power button, etc.

가정법 현재 1

이번 과에서는 '~한다면 …할 텐데'의 의미를 나타내는 가정법 현재 문장을 쓰기 훈련해 봅니다.

다음 문법 지식을 알아두면
문장을 만들 때 훨씬 쉽게 만들 수 있습니다.

TARGET GRAMMAR

| 가정법 | 어떤 일을 가정해서 말하기 위해 정해 놓은 일정한 언어 법칙을 말한다. 가정법 문장은 접속사 If가 이끄는 부사절과 그 뒤에 연결되는 결론절로 이루어진다. |

| 가정법 현재 | 현재나 가까운 미래에 일어날 수 있는 일을 가정하며 'If + 주어 + 현재 동사 ~, 주어 + 조동사 + 동사원형 ~'의 형태가 된다. 결론절에 사용되는 조동사로는 will, can 등이 사용된다.
If – 주어 – 현재 동사 ~, 주어 – 조동사 – 동사원형 ~
Ex. **If I pass** the test, **I will be** very happy. 만일 제가 그 시험에 통과한다면 저는 매우 기쁠 거예요. |

SUBSTITUTION table
바꿔 쓰기

주어진 문장을 참고하여 단어를 바꿔서 새로운 문장을 만들어 보세요.

1

I wonder if it will happen or not.
저는 그 일이 일어날지 안 일어날지 궁금해요.

도전 문장 ❶ 저는 그가 올지 안 올지 궁금해요.
....

도전 문장 ❷ 저는 그녀가 그것을 좋아할지 안 좋아할지 궁금해요.
....

2

If we see rain clouds, we will have to wait inside.
만일 먹구름이 보이면, 우리는 안에서 기다려야만 해요.

도전 문장 ❶ 만일 당신이 기다린다면, 저를 2시쯤 보게 될 거예요. `around`
....

도전 문장 ❷ 만일 우리가 그를 본다면, 그에게 그것에 대해 말해줘야 돼요. `will have to`
....

Second Hint

1
wonder 궁금해하다

2
rain clouds 먹구름

3

If there are many people in the restaurant, we can try the other one across the street.
만일 그 식당에 사람들이 많으면, 우리는 길 건너에 있는 다른 식당에 가보면 돼요.

writing WORK

SUBSTITUTION table

도전 문장 ❶ 만일 좋은 식당들이 있다면, 저는 가보고 싶어요.   `would like to`

도전 문장 ❷ 만일 거기에 흠집이 많으면, 당신은 테이블에 있는 다른 것을 사면 돼요.   `scratches on it • the other one`

Second Hint

3
try 시도해보다
across ~ 건너에
scratch 흠집

writing WORK

ADD detail

살 붙여 쓰기

내용상 흐름이 자연스럽게 이어지도록 주어진 문장의 앞과 뒤에 문장을 추가해 짧은 문단을 만들어 보는 순서입니다.
주어진 단어를 순서에 맞게 배열하여 완성 문장을 만들어 보세요.

1

`are` `days` `left` `there` `three`   3일 남았어요.

I wonder if it will happen or not.   저는 그 일이 일어날지 안 일어날지 궁금해요.

`be stunned` `happens` `if` `it` `people` `will`   만일 그 일이 일어난다면 사람들은 (기절할 정도로) 놀랄 거예요.

2

`is` `nowadays` `the weather` `unpredictable`   요즘은 날씨가 예측불허예요.

If we see rain clouds, we will have to wait inside.   만일 먹구름이 보이면, 우리는 안에서 기다려야만 해요.

`doesn't` `hope` `it` `let's` `rain`   비가 오지 않기를 바랍시다.

Second Hint

1
stun 매우 놀라게 하다, 아연하게 하다

—

2
weather 날씨
unpredictable 예측불허의
nowadays 요즘
wait 기다리다
inside 안에서

writing WORK

ADD detail

3

[is] [now] [peak] [the] [time]

If there are many people in the restaurant, we can try the other one across the street.

[but] [delicious] [different] [is] [it] [the style] [is] [too]

지금이 피크타임이에요.

만일 그 식당에 사람들이 많으면, 우리는 길 건너에 있는 다른 식당에 가보면 돼요.

스타일은 다르지만 역시 맛있어요.

Second Hint

3
peak 최정상, 피크
delicious 맛있는
style 스타일

write AGAIN

다시 쓰기

앞서 만든 짧은 문단 전체를 이어서 다시 써 보세요.

1

3일 남았어요. 나는 그 일이 일어날지 안 일어날지 궁금해요. 만일 그 일이 일어난다면 사람들은 (기절할 정도로) 놀랄 거예요.

2

요즘은 날씨가 예측불허예요. 만일 먹구름이 보이면, 우리는 안에서 기다려야만 해요. 비가 오지 않기를 바랍시다.

3

지금이 피크타임이에요. 만일 그 식당에 사람들이 많으면, 우리는 길 건너에 있는 다른 식당에 가보면 돼요. 스타일은 다르지만 역시 맛있어요.

여기서 끝이 아니다!
Speed Writing Book에서
빨리 쓰기 훈련을 통해
★ 완전히 내 것으로 소화시키세요.

writing WORK

04

QUESTIONing

질문 &
답변 문장
만들기

Wh- question 또는 일반의문문의 문장을 만들어 보세요. 그런 다음 그 질문에 답하는 문장을 써 보세요.

1

Q I wonder if it will happen or not.

B (그 일은) 일어나지 않을 거야.　　　`will not`

Q 만일 (그 일이) 일어나면 (어쩌지)?　　　`what if`

2

Q If we see rain clouds, we will have to wait inside.

B 오늘 날씨는 어떠니?　　　`like`

Q 바람이 불어.　　　`windy`

3

Q If there are many people in the restaurant, we can try the other one across the street.

B 너 거기 가본 적 있니?　　　`have been`

A 응, 거기 또한 내가 가장 좋아하는 장소 중 하나야.　　　`favorite`

Second Hint

1
What if ~?
만일 ~한다면 어쩌지?

—

3
favorite 가장 좋아하는

writing WORK 05

PERFECT sentence

완벽한 문장 쓰기

'가정법 현재'를 사용하여 문법상 오류가 없는 완벽한 문장을 만들어 보세요.

1 If there is

2 If you

3 If they

4 If we

5 I wonder if it

가정법 현재 2

이번 과에서는 '~한다면 …할 텐데'의 의미를 나타내는 가정법 현재 문장을 계속해서 쓰기 훈련해 봅니다.

다음 문법 지식을 알아두면
문장을 만들 때 훨씬 쉽게 만들 수 있습니다.

TARGET GRAMMAR

| 가정법 | 어떤 일을 가정해서 말하기 위해 정해놓은 일정한 언어 법칙을 말한다. 가정법 문장은 접속사 if가 이끄는 부사절과 그 뒤에 연결되는 결론절로 이루어진다. |

| 가정법 현재 | 상식적으로 볼 때 현실에서 있을 수 있는 일을 가정하며, 'If + 주어 + 현재 동사 ~, 주어 + 조동사 + 동사원형 ~'의 형태가 된다. 결론절에 사용되는 조동사로는 should, may 등이 있다. |

If – 주어 – 현재 동사 ~, 주어 – 조동사 – 동사원형 ~

Ex. **If** it **is** good, I **may buy** it. 만일 그것이 좋다면, 저는 그것을 살지도 몰라요.

writing WORK 01

SUBSTITUTION table

바꿔 쓰기

주어진 문장을 참고하여 단어를 바꿔서 새로운 문장을 만들어 보세요.

1

If you want to enter here, **you should present** your identification card.
만일 여기에 들어오고 싶다면, 당신은 신분증을 제시해야 돼요.

도전 문장 ❶ 만일 여기를 떠나고 싶다면, 그냥 출구쪽 선을 따라가야 해요.
`leave • to the exit`

도전 문장 ❷ 만일 그것을 여기에 보관하고 싶다면, 동전을 사물함에 넣어야 돼요.
`keep • put`

2

If you are in a hurry, **you should** go to him directly. 만일 당신이 급하다면, 당신은 곧장 그에게 가야 돼요.

도전 문장 ❶ 만일 당신이 곤란에 처한다면, 당신은 당신의 선생님과 상의해야 돼요.
`in trouble • consult`

도전 문장 ❷ 만일 그가 기분이 좋다면, 당신은 오늘 그에게 부탁해야 돼요.
`good mood • ask`

Second Hint

1
present 제시하다
identification card 신분증
leave 떠나다
locker 사물함, 로커

2
in a hurry 바쁜
directly 곧장
trouble 곤란, 어려움
consult 상담하다
good mood 좋은 기분

3

If you go now, you may be able to see him.
만일 당신이 지금 간다면, 당신은 그를 볼 수 있을지도 몰라요.

도전 문장 ❶ 만일 당신이 지금 **투자를 한다면**, 당신은 돈을 더 벌 수 있을지도 몰라요.

invest • make money

도전 문장 ❷ 만일 제가 지금 **멈춘다면**, 저는 그것을 끝낼 수 없을지도 몰라요.

writing WORK

01

SUBSTITUTION table

Second Hint

3
invest 투자하다
make money 돈을 벌다

writing WORK

ADD detail

살 붙여 쓰기

내용상 흐름이 자연스럽게 이어지도록 주어진 문장의 앞과 뒤에 문장을 추가해 짧은 문단을 만들어 보는 순서입니다.
주어진 단어를 순서에 맞게 배열하여 완성 문장을 만들어 보세요.

1

`building` `check` `entering` `people` `they` `this`

그들은 이 건물에 들어오는 사람들을 확인해요.

If you want to enter here, you should present your identification card.

만일 여기에 들어오고 싶다면, 당신은 신분증을 제시해야 돼요.

`and` `card` `in` `you` `just` `let` `show` `will` `your` `they`

그냥 당신의 카드를 보여주세요. 그러면 그들이 당신을 들어가게 해줄 거예요.

2

`can` `do` `is` `you` `this` `what`

이것은 당신이 할 수 있는 거예요.

If you are in a hurry, you should go to him directly.

만일 당신이 급하다면, 당신은 곧장 그에게 가야 돼요.

`takes care of` `cases` `he` `is` `person` `the` `such` `who`

그가 그런 일들을 처리하는 사람이거든요.

Second Hint

1
show 보여주다

—

2
take care of ~을 처리하다, ~을 돌보다

200
영어 라이팅 훈련 실전 확장 워크북 2

3

have / still / time / you

아직 시간은 있어요.

If you go now, you may be able to see him.

만일 당신이 지금 간다면, 당신은 그를 볼 수 있을지도 몰라요.

7 / at / he / his / leaves / office

그는 7시에 그의 사무실을 떠나거든요.

Second Hint

3
still 아직, 여전히
office 사무실

write AGAIN
다시 쓰기

앞서 만든 짧은 문단 전체를 이어서 다시 써 보세요.

1

그들은 이 건물에 들어오는 사람들을 확인해요. 만일 여기에 들어오고 싶다면, 당신은 신분증을 제시해야 돼요. 그냥 당신의 카드를 보여주세요. 그러면 그들이 당신을 들어가게 해줄 거예요.

2

이것은 당신이 할 수 있는 거예요. 만일 당신이 급하다면, 당신은 곧장 그에게 가야 돼요. 그가 그런 일들을 처리하는 사람이거든요.

3

아직 시간은 있어요. 만일 당신이 지금 간다면, 당신은 그를 볼 수 있을지도 몰라요. 그는 7시에 그의 사무실을 떠나거든요.

여기서 끝이 아니다!
Speed Writing Book에서
빨리 쓰기 훈련을 통해
★ 완전히 내 것으로 소화시키세요.

writing WORK

04

QUESTIONing

질문 & 답변 문장 만들기

Wh- question 또는 일반의문문의 문장을 만들어 보세요. 그런 다음 그 질문에 답하는 문장을 써 보세요.

1

Q If you want to enter here, you should present your identification card.

B 그것을 가져오는 것을 잊었어요.　　　　　　　　　`bring`

A 당신의 사진이 붙어 있는 다른 거 뭐 있어요?
　　　　　　　　　　　　　　　　　`anything else • on`

2

Q If you are in a hurry, you should go to him directly.

B 그가 어디에 있는데?　　　　　　　　　　　　　`where`

A 그는 2층에 있어, 2번 방이야.　　　　　　　`the second`

3

Q If you go now, you may be able to see him.

B 너무 늦지 않았을까?　　　　　　　　　　　　　`isn't`

Q 네가 뛰어간다면 아니야.　　　　　　　　　　　`not if`

Second Hint

2
second floor 2층

3
late 늦은

Training 57 가정법 현재 2

writing WORK

05

PERFECT sentence

완 벽 한 문장 쓰기

'가정법 현재' 문형을 사용하여 문법상 오류가 없는 완벽한 문장을 만들어 보세요.

1 If you

2 If you and your friend

3 If you and I

4 If you and David

5 If your score

가정법 과거

이번 과에서는 현실과 반대되는 불가능한 일을 상상하거나 가정하는 가정법 과거 문장을 쓰기 훈련해 봅니다.

다음 문법 지식을 알아두면
문장을 만들 때 훨씬 쉽게 만들 수 있습니다.

TARGET GRAMMAR

가정법 과거 — 현실과 반대되는 불가능한 일을 상상하거나 가정하며, 가정법 현재의 반대 개념이다. 'If + 주어 + 과거 동사 ~, 주어 + would / should / could / might + 동사원형 ~'의 형태를 취한다.

If 절에 쓰인 과거동사 — 현실과 반대되는 불가능한 소원이나 바람을 말하고 있으므로, 현재와 반대되는 시제인 과거 시제를 사용한다. be동사의 경우에는 인칭·수와 상관 없이 were를 쓴다.

Ex. **If** I **were** you, I **would do** that.
만일 제가 당신이라면, 저는 그걸 할 텐데요. (현재 사실 – 나는 당신이 아니다.)

writing WORK 01

SUBSTITUTION table

바꿔 쓰기

주어진 문장을 참고하여 단어를 바꿔서 새로운 문장을 만들어 보세요.

1

If I had enough money, I would buy that house.
만일 제가 충분한 돈을 가지고 있다면, 저는 그 집을 살 텐데요.
(충분한 돈이 없어서 집을 살 수 없다는 뜻)

도전 문장 ❶ 만일 제가 충분한 시간을 가지고 있다면, 저는 한 장소를 더 방문해볼 텐데요.
(충분한 시간이 없어서 한 장소를 더 방문할 수 없다는 뜻) `one more place`

도전 문장 ❷ 만일 제게 당신이 있다면, 저는 걱정하지 않을 텐데요. (당신이 없어서 걱정하고 있다는 뜻) `not worry`

2

If I had the key, I would open the door.
만일 제가 열쇠를 가지고 있다면, 저는 그 문을 열 텐데요.
(열쇠가 없어서 그 문을 열 수 없다는 뜻)

도전 문장 ❶ 만일 지도를 가지고 있다면, 저는 그것을 찾을 수 있을 텐데요. (지도가 없어서 그것을 찾을 수 없다는 뜻) `map • find`

도전 문장 ❷ 만일 기회가 한 번 더 있다면, 저는 그것을 해낼 수 있을 텐데요. (기회가 없어서 그것을 해낼 수 없다는 뜻) `another • make`

Second Hint

1
enough 충분한
buy 사다
place 장소
worry 걱정하다

2
key 열쇠
chance 기회

3

If I were you, **I would** forgive her.

만일 제가 당신이라면, 저는 그녀를 용서할 텐데요.

writing WORK

01

SUBSTITUTION table

도전 문장 ❶ 만일 제가 그라면, 저는 그녀와 결혼할 텐데요.   `were`

....
....

도전 문장 ❷ 만일 제가 그녀라면, 저는 그 제안을 받아들일 텐데요.   `accept • proposal`

....
....

Second Hint

3
forgive 용서하다
accept 받아들이다
proposal 제안

207
Training **58** 가정법 과거

writing WORK

ADD detail

살 붙여 쓰기

내용상 흐름이 자연스럽게 이어지도록 주어진 문장의 앞과 뒤에 문장을 추가해 짧은 문단을 만들어 보는 순서입니다.
주어진 단어를 순서에 맞게 배열하여 완성 문장을 만들어 보세요.

1

`all` `I` `have` `my` `money` `spent`

저는 제 돈을 모두 써버렸어요.

If I had enough money, I would buy it for you.

만일 제가 충분한 돈을 가지고 있다면, 저는 그것을 당신에게 사줄 텐데요.
(충분한 돈이 없어서 사줄 수 없다는 뜻)

`have to` `I` `next` `until` `wait` `week`

저는 다음 주까지 기다려야 해요.

2

`didn't` `door` `know` `this` `was locked` `I`

저는 이 문이 잠겨 있는 줄 몰랐어요.

If I had the key, I would open the door.

만일 제가 열쇠를 가지고 있다면, 저는 문을 열 텐데요.(열쇠가 없어서 문을 열 수 없다는 뜻)

`brought` `have` `I` `should` `the key`

제가 열쇠를 가져왔어야 했어요.

Second Hint

1
spend 소비하다, 쓰다
next week 다음 주

2
bring 가져오다

3

`as` `as easy` `I` `is not` `it` `know` `think` `you`

그것이 당신이 생각하는 것만큼 쉽지 않다는 것을 저는 알아요.

If I were you, I would forgive her.

만일 제가 당신이라면, 저는 그녀를 용서할 텐데요.

`for` `her` `know that` `person` `she` `the perfect` `then` `were` `you` `will`

그러면, 그녀는 당신이 그녀에게 완벽한 사람이었다는 것을 알게 될 거예요.

Second Hint

3

perfect 완벽한

writing WORK 03
write AGAIN
다시 쓰기

앞서 만든 짧은 문단 전체를 이어서 다시 써 보세요.

1

저는 제 돈을 모두 써버렸어요. 만일 제가 충분한 돈을 가지고 있다면, 저는 그것을 당신에게 사줄 수 있을 텐데요. 저는 다음 주까지 기다려야 해요.

2

저는 이 문이 잠겨 있는 줄 몰랐어요. 만일 제가 열쇠를 가지고 있다면, 저는 문을 열 텐데요. 제가 열쇠를 가져왔어야 했어요.

3

그것이 당신이 생각하는 것만큼 쉽지 않다는 것을 저는 알아요. 만일 제가 당신이라면, 저는 그녀를 용서할 텐데요. 그러면, 그녀는 당신이 그녀에게 완벽한 사람이었다는 것을 알게 될 거예요.

여기서 끝이 아니다!
Speed Writing Book에서 빨리 쓰기 훈련을 통해
★ 완전히 내 것으로 소화시키세요.

writing WORK

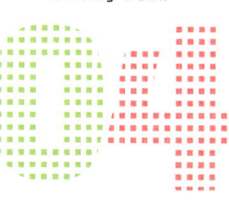

QUESTIONing

질 문 &
답변 문장
만 들 기

Wh- question 또는 일반의문문의 문장을 만들어 보세요. 그런 다음 그 질문에 답하는 문장을 써 보세요.

1

Q If I had enough money, I would buy that house.
B 너는 이런 타입의 집을 좋아하니? `type`

A 응, 나는 벽돌집이 좋아. `brick houses`

2

Q If I had the key, I would open the door.
B 열쇠는 어디에 있니? `where`

Q 그것을 집에 놔뒀어. `left`

3

Q If I were you, I would forgive her.
B 내가 어떻게 그녀를 용서해?

A 사람들이 말하기를 누군가를 용서하는 것은 자신을 용서하는 것이라잖아. `forgiving • oneself`

Second Hint

2
brick 벽돌

3
forgive 용서하다

writing WORK

05

PERFECT sentence

완 벽 한 문장 쓰기

'가정법 과거' 문형을 사용하여 문법상 오류가 없는 완벽한 문장을 만들어 보세요.

1 If I were

2 If it were

3 If I knew

4 If I had

5 If I did

Training 59

가능한 일과 불가능한 일 표현하기

이번 과에서는 동사 hope와 wish를 구분해서 문장을 만들어보고, 현재 또는 과거와 반대되는 일을 가정하는 Without을 사용한 문장을 만드는 훈련을 해 봅니다.

다음 문법 지식을 알아두면
문장을 만들 때 훨씬 쉽게 만들 수 있습니다.

TARGET GRAMMAR

hope	현실적으로 가능한 일을 희망할 때 쓴다. 주로 '희망하다, 바라다'로 해석한다.
wish	해석은 hope와 같지만 현실적으로 불가능한 일을 소망할 때도 쓰므로 주의해야 한다.
Without	현재 또는 과거와 반대되는 일을 가정하는 표현으로, 주로 '~가 없다면(현재와 반대되는 일)', '~가 없었더라면(과거와 반대되는 일)'으로 해석한다.

writing WORK

01

SUBSTITUTION table

바꿔 쓰기

주어진 문장을 참고하여 단어를 바꿔서 새로운 문장을 만들어 보세요.

1

I hope I can find the right position for me.
저는 저에게 맞는 자리를 찾을 수 있기를 희망해요.

도전 문장 ① 우리는 우호적인 방법으로 당신을 지원하기를 희망해요. [assist • friendly]

도전 문장 ② 저는 여기에 오래 머물기를 희망해요. [longer]

2

I wish I had extra money.
제게 여유분의 돈이 있으면 좋을 텐데요.

도전 문장 ① 제게 여유 날짜가 며칠 더 있으면 좋을 텐데요. [extra days]

도전 문장 ② 우리가 여유분의 지원을 더 받으면 좋을 텐데요. [supports]

Second Hint

1
position 자리
friendly 우호적인
stay 머물다

2
extra 여분의
support 지원

3

Without you, I would have suffered heavy losses.
당신이 없었더라면, 저는 손실이 굉장히 컸을 거예요.

writing WORK

SUBSTITUTION table

도전 문장 ❶ 그가 없었더라면, 저는 일생일대의 기회를 놓칠 뻔 했어요.
the chance of a lifetime

도전 문장 ❷ 그녀의 도움이 없었더라면, 저는 저의 잘못된 행동을 중단하지 못 했을 거예요.
could not • wrongdoing

Second Hint

3
suffer (고통·손실을) 겪다
lifetime 일생, 평생
wrongdoing 잘못된 행동

writing WORK 02

ADD detail

살 붙여 쓰기

내용상 흐름이 자연스럽게 이어지도록 주어진 문장의 앞과 뒤에 문장을 추가해 짧은 문단을 만들어 보는 순서입니다.
주어진 단어를 순서에 맞게 배열하여 완성 문장을 만들어 보세요.

1

field | I | in | need | experience | this
저는 이 분야에서의 경험이 필요해요.

I hope I can find the right position for me.
저는 저에게 맞는 자리를 찾을 수 있기를 희망해요.

until | then | will | applying | I | keep
그때까지 계속 지원해볼 거예요.

2

doesn't | grow | money | on | trees
돈이 나무에서 자라지 않잖아요.

I wish I had extra money.
제게 여유분의 돈이 있으면 좋을 텐데요.

can | ways | appropriate | in | it | I | invest
저는 그것을 적절히 투자할 수 있을 텐데 말이에요.

Second Hint

1
field 분야
apply 지원하다

2
invest 투자하다
appropriate 적합한, 적절한

3

[gone up] [has] [the price] [twice]   가격이 두 배나 올랐어요.

Without you, I would have suffered heavy losses.   당신이 없었더라면, 저는 손실이 굉장히 컸을 거예요.

[for me] [your] [was] [it] [wise] [to] [advice] [listen] [to]   당신 말을 듣기를 잘 했어요.

Second Hint

3
go up (가격·기온 등이) 오르다
price 가격
twice 2배의

writing WORK 03

write AGAIN

다시 쓰기

앞서 만든 짧은 문단 전체를 이어서 다시 써 보세요.

1

저는 이 분야에서의 경험이 필요해요. 저는 저에게 맞는 자리를 찾을 수 있기를 희망해요. 그때까지 계속 지원해볼 거예요.

2

돈이 나무에서 자라지 않잖아요. 제게 여유분의 돈이 있으면 좋을 텐데요. 저는 그것을 적절히 투자할 수 있을 텐데 말이에요.

3

가격이 두 배나 올랐어요. 당신이 없었더라면, 저는 손실이 굉장히 컸을 거예요. 당신 말을 듣기를 잘 했어요.

여기서 끝이 아니다!
Speed Writing Book에서
빨리 쓰기 훈련을 통해
★완전히 내 것으로 소화시키세요.

writing WORK 04

QUESTIONing

질문 & 답변 문장 만들기

Wh- question 또는 일반의문문의 문장을 만들어 보세요. 그런 다음 그 질문에 답하는 문장을 써 보세요.

1

- **A** I **hope** I can find a right position for me.
- **B** 그가 너를 인터뷰하기를 원하니? `what`
- **A** 응, 그렇게 들었어.

2

- **A** I **wish** I had extra money.
- **B** 넌 그걸 가지고 뭘 할 건데? `would • with`
- **A** 투자할 거야.

3

- **A** **Without** you, I would have suffered heavy losses.
- **B** 왜? 무슨 일인데? `happen`
- **A** 가격이 다섯배나 올랐어. `go up`

Second Hint

3
times ~배

219

Training **59** 가능한 일과 불가능한 일 표현하기

writing WORK

05

PERFECT sentence

완 벽 한
문장 쓰기

'I hope~, I wish~, Without~'를 사용하여 문법상 오류가 없는 완벽한 문장을 만들어 보세요.

1 I hope ~

2 I wish ~

3 Without ~

4 I hope ~

5 I wish ~

review & practice

review 앞서 써 본 문장들을 확실히 기억하고 있는지 빈칸을 채워 문장을 완성해 보세요.

1 저는 그가 올지 안 올지 궁금해요.
I wonder _____.

2 만일 당신이 기다린다면, 당신은 저를 2시쯤 보게 될 거예요.
If you wait, _____.

3 만일 좋은 식당들이 있다면, 저는 가보고 싶어요.
If _____.

4 만일 거기에 흠집이 많으면, 당신은 테이블에 있는 다른 것을 사면 돼요.
If there are _____.

5 만일 그것을 여기에 보관하고 싶다면, 동전을 사물함에 넣어야 해요.
If you want to _____.

6 만일 당신이 곤란에 처한다면, 당신은 당신의 선생님과 상의해야 돼요.
If you are _____.

7 만일 그가 기분이 좋다면, 당신은 오늘 그에게 부탁해야 돼요.
If he is _____.

8 만일 제가 지금 멈춘다면, 저는 그것을 끝낼 수 없을지도 몰라요.
If I stop now, _____.

9 만일 제가 충분한 시간을 가지고 있다면, 저는 한 장소를 더 방문해볼 텐데요.
If I had _____.

review

10 만일 제게 당신이 있다면, 저는 걱정하지 않을 텐데요.

If _____.

11 만일 지도를 가지고 있다면, 저는 그것을 찾을 수 있을 텐데요.

If _____.

12 만일 제가 그라면, 저는 그녀와 결혼할 텐데요.

If _____.

13 만일 제가 그녀라면, 저는 그 제안을 받아들일 텐데요.

If _____.

14 만일 그가 영어로 말하기를 잘한다면, 제가 그의 자리를 재고해 볼지도 몰라요.

If he were _____ his position.

15 저는 여기에 오래 머물기를 희망해요.

I hope _____.

16 제가 여유 날짜가 며칠 더 있으면 좋을 텐데요.

I wish _____.

17 우리가 여유분의 지원을 더 받으면 좋을 텐데요.

I wish _____.

18 그가 없었더라면, 저는 일생일대의 기회를 놓칠 뻔 했어요.

Without him, _____.

review & practice

practice — 앞에서 배운 문장 구조를 토대로 주어진 서술형 과제를 완성해 보세요.

서술하기 Description & Narration

매니저와 Jeff의 다음 대화 내용을 영어로 요약해 보세요.

Manager: May I help you?
Jeff: Yes, I am looking for a refrigerator.
Manager: Do you have a certain brand in mind?
Jeff: No, not really.
Manager: How about this one?
Jeff: It's too big.
Manager: It's big but it's on sale. It is cheaper than this smaller one.
Jeff: Why is it cheaper?
Manager: It's an old model. But it is not so old, only one year old.
Jeff: Really? I think it is better for me to buy the big one even though it is an old model.
Manager: Excellent choice!

for **review** & **practice**

1 if he will come or not
2 you will see me around two
3 there are good restaurants, I would like to try some
4 many scratches on it, you can buy the other one on the table
5 keep it here, you should put a coin in the locker
6 in trouble, you should consult your teacher
7 in a good mood, you should ask him today
8 I may not be able to finish it
9 enough time, I would visit one more place
10 I had you, I would not worry
11 I had the map, I would find it
12 I were him, I would marry her
13 I were her, I would accept the proposal
14 good at speaking in English, I might reconsider
15 I can stay here longer
16 I had extra days
17 we had extra supports
18 I could have missed the chance of a lifetime

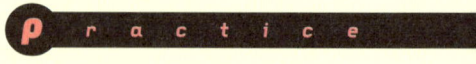

Sample Writing:

The manager helped Jeff choose which refrigerator to buy. Jeff thought the first refrigerator was too big. However, the manager told him that it was cheaper than the smaller one because it was a used refrigerator. Therefore, Jeff decided to buy the bigger refrigerator. It was only a year old and it was cheap. The manager told Jeff that he made an excellent choice.

ANSWERS
FOR *Training 31-60*

Training 31

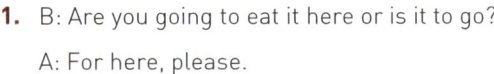
to부정사의 목적격

writing WORK 1

1. I would like to taste the soup.
   I would like to order it on the Internet.
2. He pretended not to know it.
   He hesitated to enter.
3. Some people agreed to accept the condition.
   You promised to come here on time.

writing WORK 2

1. I am so starving.
   I would like to have a club sandwich and a coke.
   I could eat a horse.
2. He used to like the place.
   He decided not to go there any more.
   All of a sudden, he changed his mind.
3. The guide asked people to move to the left.
   Some people refused to move their seats.
   They didn't want to give away their good seats.

writing WORK 3

1. I am so starving. I would like to have a club sandwich and a coke. I could eat a horse.
2. He used to like the place. He decided not to go there any more. All of a sudden, he changed his mind.
3. The guide asked people to move to the left. Some people refused to move their seats. They didn't want to give away their good seats.

writing WORK 4

1. B: Are you going to eat it here or is it to go?
   A: For here, please.
2. B: I think he changed his mind.
   A: What is he going to do then?
3. B: It is because they wanted to keep their great view.
   A: So, where did you have a seat?

writing WORK 5

1. He will **advise** you **to** quit.
   She **advised** me **to** get some sleep.
2. I **promise to** call you later.
   Please, **promise to** drive carefully.
3. Will he **decide to** hire me?
   When will you **decide to** move?
4. I fully **expect** him **to** arrive soon.
   We did not **expect** you **to** pay so much.
5. I **plan to** talk to him later.
   They **plan to** keep driving.

Training 32 — to부정사의 주격

writing WORK 1

1. To forgive is to forget it.
   To buy it is to help me.
2. To meet people is a part of my job.
   Not to study will cause a problem.
3. To go now or to go later is up to you.
   To change the size will cost more money.

writing WORK 2

1. I have loved someone before.
   To love is to be patient.
   That is what I have learned.
2. First, you need to decide where to go.
   To check the hours of operation is the next thing to do.
   And then, make a reservation for your party.
3. You decide and I will just follow.
   To do it now or to do it later is your decision.
   Either way, we take responsibility for it.

writing WORK 3

1. I have loved someone before. To love is to be patient. That is what I have learned.
2. First, you need to decide where to go. To check the hours of operation is the next thing to do. And then, make a reservation for your party.
3. You decide and I will just follow. To do it now or to do it later is your decision. Either way, we take responsibility for it.

writing WORK 4

1. B: How can I possibly stay patient in this situation?
   A: I know it is hard.
2. B: How do I check it?
   A: You can call and ask.
3. B: What do you think is better?
   A: To do it now.

writing WORK 5

1. **To stay** in this hotel will cost money.
   To tell the truth to her is the first thing to do.
2. **To meet** him before the meeting is important.
   To prejudge others is not a good idea.
3. **To sleep** late will make you tired tomorrow.
   To wake up an hour before you have to leave is ideal.
4. **To forgive** you is also to forgive me.
   To be prepared is better.
5. **To go** there alone can be dangerous.
   To open the file without permission can cause a problem.

Training 33

동명사 -ing: 주격, 목적격

writing WORK 1

1. Finding my wallet around here is almost impossible.
   Taking a walk around here is a good exercise.
2. Feeling an improvement is essential for your motivation.
   Approaching him at the right time is important.
3. He has to continue working.
   I don't mind moving to the right a little bit.

writing WORK 2

1. I lived here for many years.
   Finding places around here is easy for me.
   Ask me if you need any help.
2. He has just started a new business.
   Making a profit is essential for this business.
   I hope everything will work out.
3. He smokes a lot.
   He has to quit smoking.
   He smokes habitually.

writing WORK 3

1. I lived here for many years. Finding places around here is easy for me. Ask me if you need any help.
2. He has just started a new business. Making a profit is essential for this business. I hope everything will work out.
3. He smokes a lot. He has to quit smoking. He smokes habitually.

writing WORK 4

1. B: Are you familiar with this area?
   A: Yes, I have been living here for many years.
2. B: Are you making any profit these days?
   A: It is getting better.
3. B: He is reducing his smoking.
   A: Since when?

writing WORK 5

1. **Evaluating** your coworkers is a part of your job.
   The man started **evaluating** various products.
2. **Watching** sports on television is not the same as playing sports.
   He enjoys **watching** videos on the Internet.
3. **Facing** your weak point and overcoming it is the bravest thing to do.
   I love **facing** the sunrise and practicing yoga.
4. **Setting** the table was my job.
   I finished **setting** the table for the birthday party.
5. **Resuming** the game after a two-hour delay is not an option.
   They delayed **resuming** the meeting after lunch.

Answers p.36

Training 34 — to부정사, in order to, 전치사 to를 한 문장에 쓰기

writing WORK 1

1. He decided to travel to Japan in order to experience a new culture.
   He asked me to visit his office in order to discuss the matter.

2. She wants to give this to you in order to let you know the truth.
   All volunteers need to attend the seminar in order to learn the procedure.

3. To sum up, more people will come to this place in order to spend their time.
   To be brief, he sent me to you in order to protect you.

writing WORK 2

1. The school was four stops away.
   He decided to walk to school in order to save money.
   I thought he could use the exercise.

2. She is very outgoing and active.
   She volunteered to participate in the national event as an interpreter in order to help foreign players from many countries.
   She is proud of participating in the event.

3. It is time to tell you the truth.
   To be honest, I lied to him in order to protect you.
   You will thank me someday.

writing WORK 3

1. The school was four stops away. He decided to walk to school in order to save money. I thought he could use the exercise.

2. She is very outgoing and active. She volunteered to participate in the national event as an interpreter in order to help foreign players from many countries. She is proud of participating in the event.

3. It is time to tell you the truth. To be honest, I lied to him in order to protect you. You will thank me someday.

writing WORK 4

1. B: Why is he saving money?
   A: He said he would buy a snowboard.

2. B: What language does she speak?
   A: Korean, Japanese and English.

3. B: What did you lie about?
   A: I lied about your age.

writing WORK 5

1. I need **to fix** my computer **in order to** finish my work.
   I asked him **to fix** it today **in order to** use it in the office.

2. I **want to** leave now **in order to** arrive there early.
   He **wants to** go to Vietnam **in order to** study jungle insects.

3. I asked her **to add** more water **in order to** make soup for everyone.
   He asked me **to add** him to the list **in order to** reserve a seat.

4. I **asked** him **to** give me a ride in order **to** get to the airport.
   No one **asked** me **to** wait **to** have lunch together.

5. He wants me **to modify** his report **in order to** make it seem more impressive.
   We agreed **to modify** the advertisement **in order to** make it more appealing.

Training 35 Review&Practice 정답 p.48

Training 36

형용사+to부정사

writing WORK

1. It is not ready to be in the market.
   I am not afraid to write in English.

2. I am glad to meet you finally.
   We are proud to reach this point.

3. You were eager to see him.
   I was fortunate to hear it beforehand.

writing WORK 2

1. Many things are different from what I know.
   It is not easy to get used to living here.
   I need time to adjust.

2. I am a stranger here.
   Some road signs are hard to understand.
   But people are kind when I ask for directions.

3. I often skip my breakfast.
   It is always good to eat regularly.
   I need to go to bed and wake up early.

writing WORK 3

1. Many things are different from what I know.
   It is not easy to get used to living here. I need time to adjust.

2. I am a stranger here. Some road signs are hard to understand. But people are kind when I ask for directions.

3. I often skip my breakfast. It is always good to eat regularly. I need to go to bed and wake up early.

writing WORK

1. B: Is it that cold?
   A: It is freezing.

2. B: I agree. Some are confusing.
   A: Why don't they change them?

3. B: I couldn't agree more.
   A: Do you eat regularly?

writing WORK 5

1. I'd be **delighted to** show you around.
   She would be **delighted to** meet your cousin.

2. I was **sad to** see him go.
   The employees were **sad to** see the president resign.

3. He was **motivated to** do better on the next test.
   She was **motivated to** win the competition.

4. He was **amazed to** see the changes.
   You will be **amazed to** know how well we are doing.

5. He was **relieved to** be at home.
   I think he was **relieved to** hear the news.

Answers

Training 37 — too ~ to ... 구문

writing WORK 1

1. It is too tight to wear.
   This box is too heavy to lift alone.
2. It's not too difficult to handle the case.
   It's not too hot to eat.
3. They were too many to carry.
   He is too nice to say such words.

writing WORK 2

1. I don't even have time to sit.
   I am too busy to answer every call.
   I need someone to help me now.
2. I was thoughtless to speak to him that way.
   It's not too late to apologize.
   I hope he will accept my apology.
3. He stayed up all night.
   He is too tired to drive.
   I will drive him home.

writing WORK 3

1. I don't even have time to sit. I am too busy to answer every call. I need someone to help me now.
2. I was thoughtless to speak to him that way. It's not too late to apologize. I hope he will accept my apology.
3. He stayed up all night. He is too tired to drive. I will drive him home.

writing WORK 4

1. B: What makes you so busy?
   A: I have to meet the deadline.
2. B: Will she forgive me?
   A: Of course, she will.
3. B: So am I.
   A: Do you still want me to drive?

writing WORK 5

1. The sunlight was **too intense to** stay at the beach.
   The pain was **too intense to** endure.
2. The operating system is **too unstable to** use.
   The train tracks are **too unstable to** support the train.
3. The road was **too narrow** for two cars **to** pass.
   This pathway is **too narrow to** ride a bicycle.
4. The clock is **too heavy to** hang on the wall.
   This sofa is **too heavy to** push by myself.
5. This smart phone is **too complicated to** use.
   The problem was **too complicated to** solve.

Training 38

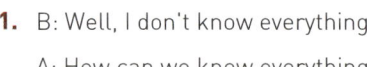

writing WORK 1

1. You are strong enough to try it.
   He is smart enough to learn it.
2. This room is big enough to sleep in up to 10 people.
   This is good enough to sell.
3. This ride is safe enough to go on for all ages.
   It is firm enough to use.

writing WORK 2

1. You know how old you are.
   You are old enough to know better.
   You should act your age.
2. It was lucky to find this big blanket.
   This blanket is big enough to cover all of us.
   Now we will stay warm.
3. People are in line to ride a rollercoaster.
   My brother is tall enough to ride this rollercoaster.
   He is crazy about it.

writing WORK 3

1. You know how old you are. You are old enough to know better. You should act your age.
2. It was lucky to find this big blanket. This blanket is big enough to cover all of us. Now we will stay warm.
3. People are in line to ride a rollercoaster. My brother is tall enough to ride this rollercoaster. He is crazy about it.

writing WORK 4

1. B: Well, I don't know everything.
   A: How can we know everything?
2. B: Where did you get it?
   A: I bought it.
3. B: Stand against this post, please.
   A: Like this?

writing WORK 5

1. These supplies are **enough to stock** our store for the winter.
   There are products **enough to stock** our shelves for the next season.
2. The blanket is not large **enough to cover** both of us.
   This handkerchief is large **enough to cover** my head in the rain.
3. He had **enough** courage **to try** bungee jumping.
   There is not **enough** time **to try** again.
4. There is not **enough** food **to divide** it among everyone.
   The pizza was big **enough to divide** into many pieces.
5. He was smart **enough to prove** it wrong.
   This evidence is clear **enough to prove** it.

Training 39

정형화된 동명사 표현들

writing WORK 1

1. Nowadays, more people than ever go hiking in their free time.
   In winter, people go skiing instead of going skating.
2. I will go jogging on Monday and then I will go swimming on Tuesday.
   We will go dancing after work and then we will go bowling.
3. Some people still like to go skydiving as their hobbies.
   I never liked to go fishing my whole life.

writing WORK 2

1. Going camping has been a popular outdoor activity.
   Nowadays, more people than ever go camping on their vacation.
   The number of people enjoying camping will soar this year.
2. Going sightseeing and shopping are both enjoyable.
   We will go sightseeing first and then we will go shopping.
   We need to keep a balance between sightseeing and shopping.
3. Normally, people don't like extreme sports.
   Not many people like to go bungee jumping as their hobbies.
   But, I would like to try if I have a chance.

writing WORK 3

1. Going camping has been a popular outdoor activity. Nowadays, more people than ever go camping on their vacation. The number of people enjoying camping will soar up this year.
2. Going sightseeing and shopping are both enjoyable. We will go sightseeing first and then we will go shopping. We need to keep a balance between sightseeing and shopping.
3. Normally, people don't like extreme sports. Not many people like to go bungee jumping as their hobbies. But I would like to try if I have a chance.

writing WORK 4

1. B: Do you go camping, too?
   A: Yes, once a month.
2. B: Can we go shopping first?
   A: Yes, we can. But it may take time.
3. B: Have you tried it?
   A: No, I haven't.

writing WORK 5

1. Let's **go skydiving** this weekend.
   Some people **go skydiving** just for the experience.
2. Have you ever **gone jet skiing**?
   I don't want to **go jet skiing** because it pollutes the water.
3. I **go jogging** every morning to stay in shape.
   We can **go jogging** in the park.
4. It's great weather to **go hiking**.
   I can **go hiking** in the mountains next to my house.
5. I can't **go biking** because I don't have a bike.
   Where can we **go biking**?

Training 40

가주어 It

writing WORK 1

1. It's easy for me to solve it.
   It's far for him to walk there.
2. It was very hard to change the shape.
   It is nice to know you.
3. It was impressive to listen to the live music.
   It was fabulous to have a dinner in a top-class restaurant.

writing WORK 2

1. I have stage fright.
   It's difficult for me to speak in front of many people.
   I need to get over it.
2. They are almost evenly matched.
   It's hard to predict who will win.
   I think it will end in a tie.
3. I am going on a business trip to Hawaii.
   It's great to have business and pleasure at the same time.
   I will be there for two weeks.

writing WORK 3

1. I have stage fright. It's difficult for me to speak in front of many people. I need to get over it.
2. They are almost evenly matched. It's hard to predict who will win. I think it will end in a tie.
3. I am going on a business trip to Hawaii. It's great to have business and pleasure at the same time. I will be there for two weeks.

writing WORK 4

1. B: There is a first time for everything.
   A: How did you overcome stage fright?
2. B: It is a close game.
   A: Who do you think will win?
3. B: What type of business are you in?
   A: I am exporting household items.

writing WORK 5

1. **It** is difficult **to generate** that kind of excitement.
   It will take a lot of coal **to generate** enough electricity.
2. **It** was necessary **to calculate** my budget before going on a trip.
   It will take the computer 15 minutes **to calculate** the formulas.
3. **It**'s not easy **to redefine** your image.
   It will take an expert **to redefine** our company's brand.
4. **It** is his job **to permit** people to enter here.
   It was easy for us **to permit** access to the information.
5. **It** is necessary **to maximize** the efficiency of work.
   It is important **to maximize** our abilities.

Training 41 Review&Practice 정답 p.90

Answers

Training 42 — 지각동사

writing WORK

1. I saw you hide behind the curtain.
   I saw you rush into the building.

2. This surveillance camera can watch people work here.
   The security camera observes cars pass here.

3. I heard you yell at him.
   I heard him whisper to you.

writing WORK

1. Why are you looking for your iPhone?
   I saw you put your iPhone in the bag.
   Check your bag or turn the bag inside out.

2. I have installed a new CCTV.
   This CCTV can watch anyone enter the door.
   I feel safer than before.

3. Actually, I wasn't sleeping.
   I heard you go out.
   Why did you sneak out of the house at night?

writing WORK

1. Why are you looking for your iPhone? I saw you put your iPhone in the bag. Check your bag or turn the bag inside out.

2. I have installed a new CCTV. This CCTV can watch anyone enter the door. I feel safer than before.

3. Actually, I wasn't sleeping. I heard you go out. Why did you sneak out of the house at night?

writing WORK

1. B: Really?
   A: Yes, you should check your bag.

2. B: It sounds like we are safe now.
   A: Do you want to test it?

3. B: Did you?
   A: Yes, I did.

writing WORK

1. I **see** some cats sleeping on the street.
   I **see** people walk on the street every day.

2. I **heard** them argue in the room.
   I **heard** the two cars crash.

3. I **smelled** something burning every time I went to my grandmother's house.
   Every morning, she **smelled** her mother cooking in the kitchen.

4. Can you **feel** it move slowly?
   I can **feel** him watching me in the classroom.

5. The camera **watches** everyone pass the door.
   The guard **watches** strangers walk around the building.

Training 43

Answers   p.98

사역동사

writing WORK 1

1. His efforts made him succeed.

   His support made us grow.

2. I had my students rewrite their essay.

   My teacher had us submit it in class.

3. Don't let him bother you while you are here.

   Let me finish.

writing WORK 2

1. He is doing all right now.

   His success made him start his life anew.

   I am happy for him.

2. He messed up his room and never cleaned it.

   I had him clean his room.

   It took two hours to clean it.

3. I left my laptop on the table.

   Don't let them touch it while I am not there.

   I have very important data saved on it.

writing WORK 3

1. He is doing all right now. His success made him start his life anew. I am happy for him.

2. He messed up his room and never cleaned it. I had him clean his room. It took two hours to clean it.

3. I left my laptop on the table. Don't let them touch it while I am not there. I have very important data saved on it.

writing WORK 4

1. B: He deserves it.

   A: Did he work that hard?

2. B: How did you make him clean?

   A: I threatened him.

3. B: Do you want me to watch over it?

   A: Please, would you?

writing WORK 5

1. He **makes** me sit for a while.

   She **makes** us run as fast as we can.

2. I **had** my younger brother wait for me.

   They **had** visitors buy souvenirs.

3. Don't **let** me interrupt you.

   They won't **let** me go out at night.

4. He will **have** you stay until late at night.

   They **have** me listen to the same music twice a week.

5. You **made** me trick him.

   Who **made** you stop doing it?

Answers p.105

Training 44

동사+목적격 대명사+to부정사

writing WORK ①

1. Max is the one who encouraged me to do this.
   Dave is the only one who can advise you on this matter.
2. Thank you for telling me to lock the door.
   Thank you for allowing me to share this.
3. I forced my dog to lay down.
   You promised me to pay this time.

writing WORK ②

1. I am relying on Sam for this matter.
   Sam is the only one who can persuade her to do this.
   All I can do is just wait and see.
2. That is very kind of you to help me.
   Thank you for allowing me to stay here.
   I don't know how to thank you enough.
3. You spoke against my opinion.
   I expected you to be on my side.
   I thought you would support me.

writing WORK ③

1. I am relying on Sam for this matter. Sam is the only one who can persuade her to do this. All I can do is just wait and see.
2. That is very kind of you to help me. Thank you for allowing me to stay here. I don't know how to thank you enough.
3. You spoke against my opinion. I expected you to be on my side. I thought you would support me.

writing WORK ④

1. B: Then, let's ask Sam.
   A: Where is he?
2. B: What are friends for?
   A: Thank you so much.
3. B: I was on your side.
   A: Don't you think you were against my opinion?

writing WORK ⑤

1. My parents always **encouraged me to** follow my dreams.
   The teacher **encourages his students to** do better.
2. The teacher **persuaded her to** make more effort.
   I don't think you can **persuade her to** go on a date with you.
3. I **rushed Eric to** the hospital.
   My friend **rushed me to** finish my speech.
4. I hope she will **allow us to** give our presentation.
   This ticket will **allow us to** enter and watch the movie.
5. He **told me to** wait here.
   They **told him to** go back home.

237 Answers

Training 45

remember, regret, forget 뒤에 to부정사와 동명사 구분해서 쓰기

p.112

writing WORK 1

1. A: Remember to bring the itinerary with you.
   B: Yes, I remembered bringing my itinerary with me.
   A: Remember to take the name card with you.
   B: Yes, I remembered taking my name card with me.

2. A: I regret to change the schedule.
   B: Oh, not again! I regretted telling you that not many people would come.
   A: I regret to cancel the reservation.
   B: Oh, not again! I regretted telling you that I was busy.

3. A: Don't forget to write down the confirmation number.
   B: Oh, no! I forgot writing down the number.
   A: Don't forget to see me first.
   B: Oh, no! I forgot seeing you first.

writing WORK 2

1. A: Remember to bring your homework with you.
   B: Yes, I did remember this time.
   I remembered bringing my homework with me.
   Here is my homework.

2. A: I regret to inform you that she will not join us.
   B: Oh, not again! I have been waiting for her.
   I regretted telling her that her ex-boyfriend would come.
   I shouldn't have said that.

3. A: Don't forget to turn off the light!
   B: Oh, no! I left the light on.
   I forgot turning off the light again.
   I have to go back.

writing WORK 3

1. Yes, I did remember this time. I remembered bringing my homework with me. Here is my homework.

2. Oh, not again! I have been waiting for her. I regretted telling her that her ex-boyfriend would come. I shouldn't have said that.

3. Oh, no! I left the light on. I forgot turning off the light again. I have to go back.

writing WORK 4

1. B: Yes, I remembered bringing my homework with me.
   A: Can you show me?

2. B: Oh, not again! I regretted telling her that her ex-boyfriend would come.
   A: Is he really coming?

3. B: Oh, no! I forgot turning off the light again.
   A: Do you want to go back?

writing WORK 5

1. Please **remember to** bring your keys with you.
   He always **remembers to** drop off the papers.

2. She **regrets** cancel**ing** the reservations.
   He **regretted** tell**ing** her the truth.

3. He always **forgets to** call me.
   She usually **forgets to** lock the door.

4. I **remember** turn**ing** left here.
   She **remembered** giv**ing** me a wake-up call.

5. I **forgot** resett**ing** my password.
   Did you **forget** play**ing** with me when you were a little kid?

Training 46 — 자주 사용되는 조동사 1

writing WORK 1

1. Don't worry. He can find the way by himself.
   Don't worry. I can prove it by myself.
2. You could extend your stay if you pay more.
   You could have one more chance if you ask.
3. You and I should negotiate a settlement.
   You and I should make a concession to each other.

writing WORK 2

1. He has over ten years' experience.
   Don't worry. He can handle the problem by himself.
   He knows what to do.
2. This is a shortcut.
   You could save time if you go this way.
   It will take less than 20 minutes.
3. There is a class we shouldn't miss.
   You and I should attend the class the day after tomorrow.
   I will write it down on my calender.

writing WORK 3

1. He has over ten years' experience. Don't worry. He can handle the problem by himself. He knows what to do.
2. This is a shortcut. You could save time if you go this way. It will take less than 20 minutes.
3. There is a class we shouldn't miss. You and I should attend the class the day after tomorrow. I will write it down on my calender.

writing WORK 4

1. B: What problem does he have?
   A: He has a problem with his friend.
2. B: Is this a shortcut?
   A: Yes, follow me.
3. B: What time does it start?
   A: I think it starts at three.

writing WORK 5

1. You **can** get better if you practice.
   He **can** play the piano extremely well.
2. You **could** call him later.
   They **could** try another approach.
3. You **should** not forget her birthday.
   You **should** ask her how she feels.
4. You **ought to** put on a coat.
   You **ought to** listen to his advice.
5. I **could not** find my cell phone anywhere.
   I **could not** finish the report on time.

Training 47

자주 사용되는 조동사 2

writing WORK

1. We may face some difficulties during this activity.
   We may hear some contrary opinions about it.
2. You have to have confidence in yourself.
   You have to admit it as it is.
3. I heard she must receive medical attention.
   I think she must not say that.

writing WORK

1. There will be a family reunion this summer.
   We may visit our grandmother during this vacation.
   I am looking forward to it.
2. People say we are social animals.
   People have to have someone to depend on.
   We can't be completely independent.
3. She doesn't look good these days.
   I think she must see a doctor.
   She must go see a doctor.

writing WORK ③

1. There will be a family reunion this summer. We may visit our grandmother during this vacation. I am looking forward to it.
2. People say we are social animals. People have to have someone to depend on. We can't be completely independent.
3. She doesn't look good these days. I think she must see a doctor. She must go see a doctor.

writing WORK ④

1. B: Where does your grandmother live?
   A: She lives in the countryside.
2. B: Who do you depend on?
   A: My family, of course.
3. B: Why? Is she sick?
   A: Yes, she doesn't look good.

writing WORK ⑤

1. He **has to** take a rest.
   They **have to** do what's right.
2. You **must** do something about it.
   Steve **must** know where it is.
3. We **are supposed to** start soon.
   They **are supposed to** deliver the package tomorrow.
4. We **may** have a problem.
   You **may** sit down.
5. I **might** know him.
   They **might** notice you coming.

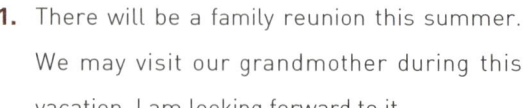

Training 48

자주 사용되는 조동사 3

writing WORK 1

1. I will be studying by that time.
   I will be waiting until that time.
2. We are going to meet on the subway.
   We are going to have a long conversation.
3. I am not the same person that I used to be.
   It is not in the same condition that it used to be.

writing WORK 2

1. Make sure you call me when you arrive.
   I will be working at that time.
   I will leave home after I receive your call.
2. The deadline is around the corner.
   We are going to have a final discussion within a week.
   And then, we will decide what to do.
3. I used to live in Seoul when I was little.
   Seoul is not the same place that it used to be.
   It has become a city bigger than New York.

writing WORK 3

1. Make sure you call me when you arrive. I will be working at that time. I will leave home after I receive your call.
2. The deadline is around the corner. We are going to have a final discussion within a week. And then, we will decide what to do.
3. I used to live in Seoul when I was little. Seoul is not the same place that it used to be. It has become a city bigger than New York.

writing WORK 4

1. B: When are you going to be free?
   A: Sometime after two.
2. B: When is it going to be?
   A: Probably this Thursday.
3. B: When was the last time you visited?
   A: It was 1992.

writing WORK 5

1. I **will** be happy to see you.
   She **will** be home tonight.
2. We **are going to** go on vacation next week.
   I **am going to** see a movie tonight.
3. I **used to** be in better shape.
   She **used to** play the piano.
4. We **would** sit on the porch and talk for hours.
   I **would** walk along the beach in the mornings.
5. They **would** not like to hear that.
   I **would** do it if I had time.

Training 49 **Review&Practice** 정답 p.145

Training 50

반대 사실을 나타내는 '조동사+have+과거분사'

writing WORK

1. I should have given this to her.
   I should have done it a little more.
2. You could have won the lottery.
   You could have hurt your hand.
3. The sharp edge almost tore my shirt.
   He almost dropped his laptop.

writing WORK 2

1. I didn't know this would happen to me.
   I should have listened to her.
   I regret ignoring her advice.
2. Don't raise the pencil.
   You could have poked me with the pencil.
   Look! It almost penetrated my jumper.
3. I shouldn't have eaten.
   The old food almost had me sick.
   I didn't know it was spoiled.

writing WORK 3

1. I didn't know this would happen to me. I should have listened to her. I regret ignoring her advice.
2. Don't raise the pencil. You could have poked me with the pencil. Look! It almost penetrated my jumper.
3. I shouldn't have eaten. The old food almost had me sick. I didn't know it was spoiled.

writing WORK

1. B: What is going on?
   A: I got ripped off.
2. B: Oh, I am sorry. I didn't see you. Are you all right?
   A: I am all right.
3. B: Did you eat much?
   A: Yes, I ate some.

writing WORK 5

1. He **would have** been surprised at the news.
   We **would have** won the championship with him.
2. You **should have** called her last night.
   We **should have** filled up for gas in the last town.
3. You **could have** been the champion.
   I **could have** gone to Hawaii last year.
4. I **might have** misplaced my wallet.
   They **might have** decided to leave without us.
5. I **should have** known he was lying.
   We **should have** taken the other road.

Training 51

두 가지 상황 비교해서 쓰기

writing WORK 1

1. I would rather read this book than the one you have.
   I would rather take this seat than the one you are sitting in.
2. I would rather go with you than the man you introduced me to yesterday.
   I would rather eat this than the soup you made.
3. I would rather be sleeping in my bed than sleeping in this tent.
   I would rather be playing music than just listening.

writing WORK 2

1. This drama seems to be interesting.
   I would rather see this drama than the one you mentioned.
   I watched the first scene and got sucked into it.
2. You are the one I am looking for.
   I would rather work with you than the man I met yesterday.
   We can make good partners for each other.
3. I am good at writing.
   I would rather be writing an essay than solving a math problem.
   I am not good at numbers.

writing WORK 3

1. This drama seems to be interesting. I would rather see this drama than the one you mentioned. I watched the first scene and got sucked into it.
2. You are the one I am looking for. I would rather work with you than the man I met yesterday. We can make good partners for each other.
3. I am good at writing. I would rather be writing an essay than solving a math problem. I am not good at numbers.

writing WORK 4

1. B: Believe me. The one I mentioned is really good.
   A: Are you sure?
2. B: I'd like to work with you, too.
   A: When can we start?
3. B: I don't like math, either.
   A: Who likes math?

writing WORK 5

1. I **would rather** run in the park **than** stay indoors.
   She **would rather** watch television **than** go to the movies.
2. I **would rather be** watch**ing** a movie **than** sitt**ing** in front of this computer.
   He **would rather be** play**ing** sports **than** watch**ing** the game on TV.
3. He **would rather** go to China **than** to Japan.
   She **would rather** be with John **than** be with Steve.
4. **Would** you **rather be** swimm**ing** at the beach **than** hik**ing** in the mountains?
   I**'d rather be** sing**ing** a song **than** giv**ing** a presentation in English.
5. He **would rather** eat Italian food **than** Mexican food.
   I **would rather** see the movie **than** read the book.

Training 52

부사절 1

writing WORK 1

1. 10 p.m. is the time when I go to bed.
   9 a.m. is the time when I start work in the office.
2. Because there is no mistake in this document, I don't need to read it again.
   Because there are a few reasons for this result, we need to review it again.
3. After it was fixed, I have been using it for many years.
   After her name was called, she has been waiting for her turn.

writing WORK 2

1. I usually wake up late during vacation.
   10 a.m. is the time when I get up during summer vacation.
   I feel like a day seems very short.
2. This is my rough draft.
   Because there are a few mistakes in this draft, I need to read it again and correct them. There will be no mistakes in my final paper.
3. This area was abandoned in the past.
   After the area was redeveloped, it has been like this for many years.
   People have started moving in.

writing WORK 3

1. I usually wake up late during vacation. 10 a.m. is the time when I get up during summer vacation. I feel like a day seems very short.
2. This is my rough draft. Because there are a few mistakes in this draft, I need to read it again and correct them. There will be no mistakes in my final paper.
3. This area was abandoned in the past. After the area was redeveloped, it has been like this for many years. People have started moving in.

writing WORK 4

1. B: What time do you usually get up?
   A: I get up at 6 a.m.
2. B: How long is the draft?
   A: It is 10 pages.
3. B: There have been some changes.
   A: Do you want to look around more?

writing WORK 5

1. **When** he brushes his teeth, he uses salt.
   It's better to be quiet **when** your teacher yells.
2. **After** he gets home, we will surprise him.
   Let me make a decision **after** I review the documents.
3. **As soon as** she came home, the phone rang.
   Fortunately, the man was rescued **as soon as** the ambulance arrived.
4. **Because** it is raining, the game is canceled.
   I couldn't find it **because** I had no idea where I left it.
5. We can't do anything **until** he approves the proposal.
   Please wait here **until** I come back.

Training 53 — 부사절 2

Answers p.169

writing WORK 1

1. Although she was not sleeping, she did not let me watch TV.
   Although she was absent from school yesterday, she did her homework.
2. The majority of people in this group acted as if nothing had happened.
   Some people on the street gestured as if something had happened.
3. As long as you know the directions, it's not too difficult to find it.
   As long as we work together, it's not going to be a problem.

writing WORK 2

1. I really wanted to use her camera.
   Although she was not using her camera, she did not let me use it.
   I need to find a way to borrow it.
2. It happened in the middle of the street.
   Most people on the street acted as if nothing had happened.
   It seemed what happened was not a big deal to them.
3. It is important to keep studying.
   As long as you have a passion to study, it's not too late to go to university.
   No one is too old to learn.

writing WORK 3

1. I really wanted to use her camera. Although she was not using her camera, she did not let me use it. I need to find a way to borrow it.
2. It happened in the middle of the street. Most people on the street acted as if nothing had happened. It seemed what happened was not a big deal to them.
3. It is important to keep studying. As long as you have a passion to study, it's not too late to go to university. No one is too old to learn.

writing WORK 4

1. B: It must be an expensive one.
   A: Can you ask her for me?
2. B: Maybe it was not important to them.
   A: Do you think so?
3. B: Can I make it?
   A: Sure. Where there is a will, there is a way.

writing WORK 5

1. **As long as** the roads are icy, we should not drive.
   He refuses to see me **as long as** I disagree with him.
2. There is smoke **as far as** you can see.
   She is right **as far as** I know.
3. **Although** Susan was early, the meeting had already started.
   She saw me, **although** I did not see her.
4. **Even though** Steve was never late, the boss didn't like him.
   The computer is still slow **even though** I reformatted the hard drive.
5. He acts **as if** he were a prince.
   She stared at him **as if** he had insulted her.

Training 54

부사절을 부사구로 바꿔서 쓰기

writing WORK 1

1. Before buying them in packs, you should check the price.
   Before planning to go on a picnic, why don't you check the weather conditions?

2. After sending it, you cannot erase it.
   After sticking it to something, you cannot take it off.

3. While cleaning my room, I found my old picture.
   While doing the laundry, I found two ten-dollar bills in the pocket.

writing WORK 2

1. Do you really want to go to the restaurant?
   Before making a reservation at the restaurant, why don't you check the price?
   And then, get directions to it.

2. I would like to remind you of our policy.
   After purchasing it, you cannot refund it.
   But you can exchange it for another.

3. The proposal looked good.
   While thinking about it over the weekend, I found something suspicious.
   I need more time to study it.

writing WORK 3

1. Do you really want to go to the restaurant? Before making a reservation at the restaurant, why don't you check the price? And then, get directions to it.

2. I would like to remind you of our policy. After purchasing it, you cannot refund it. You can exchange it for another.

3. The proposal looked good. While thinking about it over the weekend, I found something suspicious. I need more time to study it.

writing WORK 4

1. B: I already did.
   A: How much was it?

2. B: Can I exchange it?
   A: Yes, you can exchange it for another size or color.

3. B: What was suspicious?
   A: The signature was different.

writing WORK 5

1. **After** purchas**ing** our product, you will be entirely satisfied.
   He went to bed **after** send**ing** an email to his friend.

2. **Before** tak**ing** a shower, turn the water heater on.
   You could check the weather report **before** leav**ing** the house.

3. **While** wash**ing** the dishes, I cut myself with a knife.
   I tripped and fell **while** runn**ing** down the stairs.

4. She was **once** dat**ing** a man who treated her badly.
   Once spend**ing** on defense, the government is now spending on education.

5. **When** check**ing** the machine, make sure to wear gloves.
   You should look both ways **when** cross**ing** the street.

Training 55 Review&Practice 정답 **p.188**

Training 56 — 가정법 현재 1

writing WORK

1. I wonder if he will come or not.
   I wonder if she will like it or not.
2. If you wait, you will see me around two.
   If we see him, we will have to tell him about it.
3. If there are good restaurants, I would like to try some.
   If there are many scratches on it, you can buy the other one on the table.

writing WORK

1. There are three days left.
   I wonder if it will happen or not.
   If it happens, people will be stunned.
2. The weather is unpredictable nowadays.
   If we see rain clouds, we will have to wait inside.
   Let's hope it doesn't rain.
3. Now is the peak time.
   If there are many people in the restaurant, we can try the other one across the street.
   The style is different, but it is delicious, too.

writing WORK

1. There are three days left. I wonder if it will happen or not. If it happens, people will be stunned.
2. The weather is unpredictable nowadays. If we see rain clouds, we will have to wait inside. Let's hope it doesn't rain.
3. Now is the peak time. If there are many people in the restaurant, we can try the other one across the street. The style is different, but it is delicious, too.

writing WORK

1. B: It will not happen.
   A: What if it happens?
2. B: What is the weather like today?
   A: It is windy.
3. B: Have you been there?
   A: Yes, that is also one of my favorite places.

writing WORK

1. **If there is** a class on American History, I will take it.
   If there is a seat available, please reserve it.
2. **If you** want to save money, open a bank account.
   If you are serious, why don't you tell her about it?
3. **If they** like you, they will hire you.
   If they don't act soon, the opportunity will be lost.
4. **If we** refuse, we could lose our friendship with them.
   If we start now, we can finish by evening.
5. **I wonder if it** will be okay to play music here.
   I wonder if it will rain soon.

Training 57

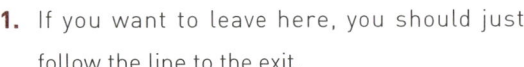

가정법 현재 2

writing WORK 1

1. If you want to leave here, you should just follow the line to the exit.
   If you want to keep it here, you should put a coin in the locker.

2. If you are in trouble, you should consult your teacher.
   If he is in a good mood, you should ask him today.

3. If you invest now, you may be able to make more money.
   If I stop now, I may not be able to finish it.

writing WORK 2

1. They check people entering this building.
   If you want to enter here, you should present your identification card.
   Just show your card and they will let you in.

2. This is what you can do.
   If you are in a hurry, you should go to him directly.
   He is the person who takes care of such cases.

3. You still have time.
   If you go now, you may be able to see him.
   He leaves his office at 7.

writing WORK 3

1. They check people entering this building. If you want to enter here, you should present your identification card. Just show your card and they will let you in.

2. This is what you can do. If you are in a hurry, you should go to him directly. He is the person who takes care of such cases.

3. You still have time. If you go now, you may be able to see him. He leaves his office at 7.

writing WORK 4

1. B: I forgot to bring it.
   A: Do you have anything else with your picture on it?

2. B: Where is he?
   A: He is on the second floor, room two.

3. B: Isn't it too late?
   A: Not if you run.

writing WORK 5

1. **If you** leave now, you'll get home before dark.
   If you want, I could take care of it for you.

2. **If you and your friend** want to wait, the counselor can see you in 30 minutes.
   If you and your friend don't have to leave, I will fix dinner for you.

3. **If you and I** cooperate, we can finish it up in an hour.
   If you and I get along, we can think about working together.

4. **If you and David** break up, who will be sadder?
   If you and David succeed, you two will be rich.

5. **If your score** is above 95, I will buy you lunch.
   If your score is below 70, your parents will be furious.

Training 58 — 가정법 과거

writing WORK 1

1. If I had enough time, I would visit one more place.
   If I had you, I would not worry.
2. If I had the map, I would find it.
   If I had another chance, I would make it.
3. If I were him, I would marry her.
   If I were her, I would accept the proposal.

writing WORK 2

1. I have spent all my money.
   If I had enough money, I would buy it for you.
   I have to wait until next week.
2. I didn't know this door was locked.
   If I had the key, I would open the door.
   I should have brought the key.
3. I know it is not as easy as you think.
   If I were you, I would forgive her.
   Then, she will know that you were the perfect person for her.

writing WORK 3

1. I have spent all my money. If I had enough money, I would buy it for you. I have to wait until next week.
2. I didn't know this door was locked. If I had the key, I would open the door. I should have brought the key.
3. I know it is not as easy as you think. If I were you, I would forgive her. Then, she will know that you were the perfect person for her.

writing WORK 4

1. B: Do you like this type of house?
   A: Yes, I like brick houses.
2. B: Where is the key?
   A: I left it at home.
3. B: How do I forgive her?
   A: People say forgiving someone is forgiving oneself.

writing WORK 5

1. **If I were** a rich man, I would buy a luxurious house.
   If I were good at numbers, I would major in mathematics.
2. **If it were** cheaper than this one, I would buy it.
   If it were(was) easy, everyone would do it.
3. **If I knew** you liked it, I would have suggested it earlier.
   If I knew you didn't like it, I would never have done it.
4. **If I had** told him about it, he would have refused to go.
   If I had more time, I would help you.
5. **If I did** break it, I will pay for it.
   If I did something wrong, please tell me.

Training 59 — 가능한 일과 불가능한 일 표현하기

Answers p. 213

writing WORK 1

1. We hope we can assist you in a friendly way.
   I hope I can stay here longer.

2. I wish I had extra days.
   I wish we had extra supports.

3. Without him, I could have missed the chance of a lifetime.
   Without her help, I could not have quit my wrongdoing.

writing WORK 2

1. I need experience in this field.
   I hope I can find the right position for me.
   Until then, I will keep applying.

2. Money doesn't grow on trees.
   I wish I had extra money.
   I can invest it in appropriate ways.

3. The price has gone up twice.
   Without you, I would have suffered heavy losses.
   It was wise for me to listen to your advice.

writing WORK 3

1. I need an experience in this field. I hope I can find the right position for me. Until then, I will keep applying.

2. Money doesn't grow on trees. I wish I had extra money. I can invest it in appropriate ways.

3. The price has gone up twice. Without you, I would have suffered heavy losses. It was wise for me to listen to your advice.

writing WORK 4

1. B: Does he want to interview you?
   A: Yes, that's what I heard.

2. B: What would you do with it?
   A: I would invest.

3. B: Why? What has happened?
   A: The price has gone up five times.

writing WORK 5

1. **I hope** it will rain soon.
   I hope they get home safely.

2. **I wish** you wouldn't say that.
   I wish I had a new car.

3. **Without** his support, you may not be able to continue your business.
   Without you, my life would be different.

4. **I hope** you solve this problem soon.
   I hope you feel better now.

5. **I wish** it weren't so hot.
   I wish everyone would just get along.

Training 60 **Review & Practice** 정답 p.224

함께 학습하면 훈련 효과가 배!

EBS 명강사 한일 선생의 문장 확장 방식을 도입한 쓰기 훈련북

〈영어 라이팅 훈련 실천 다이어리〉는 '구슬이 서말이라도 꿰어야 보배'라는 말이 있듯이 영어로 글쓰기를 잘하기 위해서는 문법과 어휘만 알고 있어서는 안 되며 매일매일 밥 먹듯이 쓰기 훈련을 해야 한다는 믿음으로 만들어진 본격 영어 라이팅 훈련서입니다.
문장 확장 방식(Expansion Mode)을 도입한 쓰기 훈련서로, 매일 조금씩 써 나가다 보면 자연스럽게 영어 문장 구조에 대한 이해가 넓어지고 문장이 쭈욱 쭉 길어지는 경험을 하게 될 것입니다.
한 문장 한 문장이 모여 어느새 한 문단이 되고 곧 서술형 시험 및 TOEFL, TEPS, IELTS 등 어떤 Writing 시험에도 자신감이 붙게 될 것입니다.

문장 확장 방식의 **영어 라이팅 훈련** 실천 다이어리 시리즈

1 Story Writing 30일편
한일 지음
4×6배판 변형 | 392쪽
18,000원(MP3 무료 다운로드)

2 E-mail Writing 30일편
한일 지음
4×6배판 변형 | 448쪽
19,800원(MP3 무료 다운로드)

3 Essay Writing 40일편
한일 지음
4×6배판 변형 | 560쪽
22,800원(MP3 무료 다운로드)

영어
라이팅 훈련
실천 확장 워크북
Training
31-60

영어
라이팅 훈련
실천 확장 워크북
Training
31-60

신속성과 정확성 두 마리의 토끼
빨리 쓰기에 도전하라!

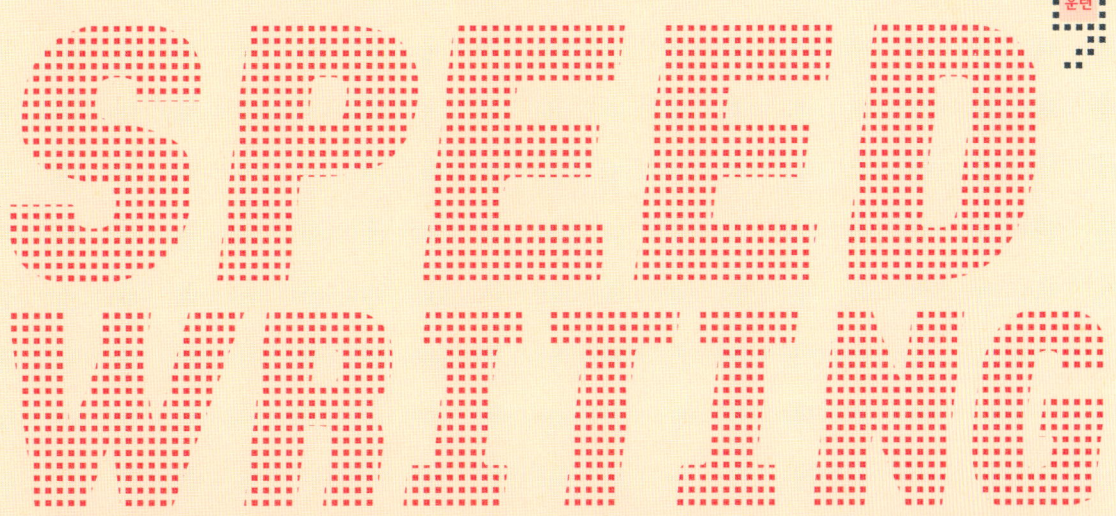

본 교재에서 훈련한 '살 붙여서 이어서 쓰기', '질문&답변 문장 만들기' 부분의 전체 문장을 모아서 한 곳에 담았습니다.

문장 익힘 **MP3** 음원과 함께 활용하세요! **www.saramin.com** 자료실에서 다운로드

사람in

영어
라이팅 훈련
실천 확장 워크북
Training
31-60

SPEED WRITING

훈련

스피드 라이팅 트레이닝

앞서 쓰기 훈련한 짧은 문단들을 빠른 속도로 다시 써 보세요.
여러 장 복사해서 여러 번 쓰기 훈련하는 데 활용해 보세요!

빨리 쓰기 훈련

본 교재에서 훈련한 5-step 쓰기 훈련을 통해 익힌 문장들을 이번에는 제시된 제한 시간 내에 집중해서 빨리 써보는 훈련을 해 봅니다. 앞에서 써 본 문장들을 최대한 완벽하게 빨리 쓰도록 노력해 봅시다. 틀리게 쓰거나 제한 시간 내에 다 못 쓰는 경우, '정확성'과 '신속성' 두 마리의 토끼를 잡을 수 있을 때까지 더욱 열심히 쓰기 훈련하세요!

스피드 라이팅북 활용법

각 Training의 Writing Work 3 다시 쓰기를 한 후, 스피드 라이팅을 연습할 수 있습니다.

📖 복습용으로 활용하는 경우

- 하나의 Training이 끝날 때마다 스피드 라이팅북으로 와서 빨리 쓰기 훈련을 한 후, 다음 Training의 학습으로 넘어갑니다.
- 경우에 따라 본 교재를 모두 학습한 후, 스피드 라이팅북에서 한 과씩 복습하면서 다시 쓰기 훈련할 수 있습니다.

📖 테스트용으로 활용하는 경우

- 하나의 sheet를 여러 장 복사하여 여러 회 반복해서 빨리 쓰기 훈련을 할 수 있습니다. 처음에는 주어진 시간 내에 문장들을 모두 완벽하게 써내기가 어렵겠지만 여러 번 도전하다 보면 가능해집니다.
- 매번 쓰는 데 걸린 시간을 적으면서 시간을 조금씩 단축하여 제한 시간에 맞추도록 노력해 보세요!
- 최종적으로 문장 체득률을 테스트하는 단계로 활용할 수 있습니다.

to부정사의 목적격

A 앞서 만든 짧은 문단 전체를 주어진 시간 내에 다시 써 보세요.

제한 시간 2분 30초

1 저는 무척 배가 고파요. 저는 클럽 샌드위치와 콜라를 먹고 싶어요. 저는 말을 한 마리 줘도 먹을 수 있겠어요. (무엇을 줘도 먹을 수 있겠다는 뜻)

2 그는 그 장소를 좋아하곤 했어요. 그는 더 이상 거기에 가지 않기로 마음을 먹었어요. 갑자기, 그가 마음을 바꿨어요.

3 그 가이드가 사람들에게 왼쪽으로 옮기라고 부탁을 했어요. 몇몇 사람들은 그들의 자리를 옮기는 것을 거부했어요. 그들은 자신들의 좋은 자리를 양보하고 싶지 않았던 거예요.

to부정사의 목적격

B 앞서 만든 대화문을 주어진 시간 내에 다시 써 보세요.
제한 시간 1분 20초

1
- Ⓐ I would like to have a club sandwich and a coke.
- Ⓑ 그거 여기서 드실 건가요, 아니면 싸가지고 가실 건가요?

- Ⓐ 여기서 먹는 것으로 해주세요.

2
- Ⓐ He decided not to go there any more.
- Ⓑ 내 생각에 그는 마음을 바꾼 것 같아.

- Ⓐ 그렇다면 그가 무엇을 할 계획일까?

3
- Ⓐ Some people refused to move their seats.
- Ⓑ 왜냐하면 그건 그들이 제일 전망이 좋은 자리를 지키고 싶었기 때문이야.

- Ⓐ 그래서 너는 어디에 자리를 잡았는데?

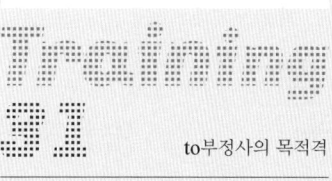

to부정사의 목적격

정답 문장을 네이티브 스피커의 음성으로 들으면서 외워 보세요.

MP3 31_A

1. I am so starving. I would like to have a club sandwich and a coke. I could eat a horse.

2. He used to like the place. He decided not to go there any more. All of a sudden, he changed his mind.

3. The guide asked people to move to the left. Some people refused to move their seats. They didn't want to give away their good seats.

MP3 31_B

1. Q I would like to have a club sandwich and a coke.
   B Are you going to eat it here or is it to go?
   Q For here, please.

2. Q He decided not to go there any more.
   B I think he changed his mind.
   Q What is he going to do then?

3. Q Some people refused to move their seats.
   B It is because they wanted to keep their great view.
   Q So, where did you have a seat?

Training 32
to부정사의 주격

A 앞서 만든 짧은 문단 전체를 주어진 시간 내에 다시 써 보세요.

제한 시간 2분 30초

1 저는 전에 누군가를 사랑한 적이 있어요. 사랑하는 것은 인내하는 것이에요. 그것이 제가 배운 거예요.

2 우선, 당신들이 어디에 가기를 원하는지 정할 필요가 있어요. 영업 시간을 확인하는 것이 그 다음에 할 일이고요. 그런 다음 당신의 단체를 위해서 예약을 하세요.

3 당신이 결정하면 저는 그냥 따라갈게요. 그것을 지금 하든 또는 나중에 하든 그건 당신의 결정이에요. 어느 쪽이든, 그것에 대해 우리가 책임을 지면 돼요.

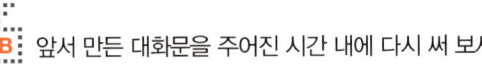 to부정사의 주격

앞서 만든 대화문을 주어진 시간 내에 다시 써 보세요.

제한 시간 1분 20초

1
- A: To love is to be patient.
- B: 이런 상황 속에서 어떻게 참아?

- A: 그게 힘들다는 거 알아.

2
- A: To check the hours of operation is the next thing to do.
- B: 그걸 어떻게 확인하지?

- A: 전화해서 물어보면 되지.

3
- A: To do it now or to do it later is your decision.
- B: 무엇이 더 낫다고 생각하니?

- A: 지금 그걸 하는 것.

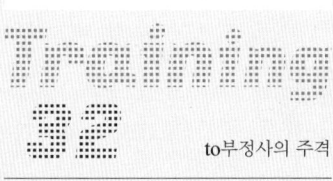

to부정사의 주격

정답 문장을 네이티브 스피커의 음성으로 들으면서 외워 보세요.

MP3 **32_A**

1. I have loved someone before. To love is to be patient. That is what I have learned.

2. First, you need to decide where to go. To check the hours of operation is the next thing to do. And then, make a reservation for your party.

3. You decide and I will just follow. To do it now or to do it later is your decision. Either way, we take responsibility for it.

MP3 **32_B**

1. Q To love is to be patient.
   Q How can I possibly stay patient in this situation?
   Q I know it is hard.

2. Q To check the hour of operation is the next thing to do.
   Q How do I check it?
   Q You can call and ask.

3. Q To do it now or to do it later is your decision.
   Q What do you think is better?
   Q To do it now.

Training 33
-ing: 주격, 목적격

A 앞서 만든 짧은 문단 전체를 주어진 시간 내에 다시 써 보세요.

⏱ 제한 시간 2분 30초

1 전 여기서 수년간 살았어요. 이 주변의 장소를 찾는 것이 저에게는 너무 쉬워요. 만일 무슨 도움이 필요하시면 제게 물어보세요.

2 그는 새로운 사업을 시작했어요. 수익을 내는 것이 이 사업에서 필수적이에요. 모든 것이 잘되시기를 바라요.

3 그는 담배를 많이 피워요. 그는 담배를 끊어야만 해요. 그는 습관적으로 피워요.

-ing: 주격, 목적격

B 앞서 만든 대화문을 주어진 시간 내에 다시 써 보세요.

제한 시간 1분 20초

1
- A Finding places around here is easy for me.
- B 너는 이 지역에 익숙하니?

- A 응, 난 여기에서 수년 동안 살고 있거든.

2
- A Making a profit is essential for this business.
- B 요즘 소득을 좀 내고 있니?

- A 점점 나아지고 있는 중이야.

3
- A He has to quit smoking.
- B 그는 담배를 줄이고 있는 중이야.

- A 언제부터?

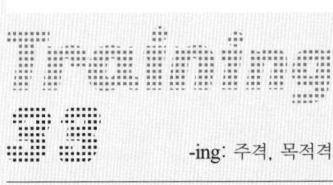

-ing: 주격, 목적격

정답 문장을 네이티브 스피커의 음성으로 들으면서 외워 보세요.

 ▶ MP3 **33_A**

1 I lived here for many years. Finding places around here is easy for me. Ask me if you need any help.

2 He has just started a new business. Making a profit is essential for this business. I hope everything will work out.

3 He smokes a lot. He has to quit smoking. He smokes habitually.

 ▶ MP3 **33_B**

1
- Ⓠ Finding places around here is easy for me.
- Ⓠ Are you familiar with this area?
- Ⓠ Yes, I have been living here for many years.

2
- Ⓠ Making a profit is essential for this business.
- Ⓠ Are you making any profit these days?
- Ⓠ It is getting better.

3
- Ⓠ He has to quit smoking.
- Ⓑ He is reducing his smoking.
- Ⓠ Since when?

Training 34 — to부정사, in order to, 전치사 to를 한 문장에 쓰기

 앞서 만든 짧은 문단 전체를 주어진 시간 내에 다시 써 보세요.

제한 시간 2분 40초

1 그 학교는 (버스로) 네 정거장 거리예요. 그는 돈을 아끼기 위해 학교에 걸어가기로 마음 먹었어요. 그는 운동 삼아 할 수 있을 거라고 생각했어요.

2 그녀는 매우 외향적이고 활동적이에요. 그녀는 많은 나라에서 온 외국 선수들을 돕기 위해 통역사로 그 국가 행사에 자원해서 참여했어요. 그녀는 그 행사에 참여하는 것을 자랑스러워 하고 있어요.

3 당신에게 사실을 말할 때가 되었어요. 솔직히, 저는 당신을 보호하기 위해 그에게 거짓말을 했어요. 당신은 언젠가 제게 고맙다고 할 거예요.

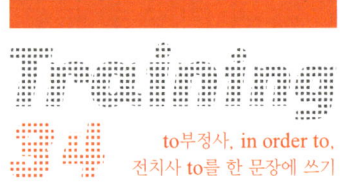

to부정사, in order to,
전치사 to를 한 문장에 쓰기

B 앞서 만든 대화문을 주어진 시간 내에 다시 써 보세요.

제한 시간 1분 20초

1
- A He decided to walk to school in order to save money.
- B 왜 그가 돈을 모으고 있는 중이지?

- A 그 사람이 스노보드를 살 거라고 그러더라구.

2
- A She volunteered to participate in the national event as an interpreter in order to help foreign players from many countries.
- B 그녀가 무슨 언어를 구사하는데?

- A 한국어, 일본어 그리고 영어.

3
- A To be honest, I lied to him in order to protect you.
- B 무슨 거짓말을 했는데?

- A 네 나이에 대해 거짓말 했어.

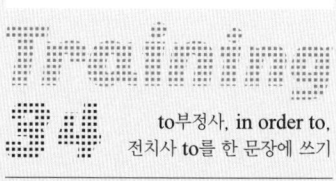

to부정사, in order to, 전치사 to를 한 문장에 쓰기

정답 문장을 네이티브 스피커의 음성으로 들으면서 외워 보세요.

1 The school was four stops away. He decided to walk to school in order to save money. I thought he could use the exercise.

2 She is very outgoing and active. She volunteered to participate in the national event as an interpreter in order to help foreign players from many countries. She is proud of participating in the event.

3 It is time to tell you the truth. To be honest, I lied to him in order to protect you. You will thank me someday.

1
- **Q** He decided to walk to school in order to save money.
- **B** Why is he saving money?
- **Q** He said he would buy a snowboard.

2
- **Q** She volunteered to participate in the national event as an interpreter in order to help foreign players from many countries.
- **B** What language does she speak?
- **Q** Korean, Japanese and English.

3
- **Q** To be honest, I lied to him in order to protect you.
- **B** What did you lie about?
- **Q** I lied about your age.

형용사+to부정사

 앞서 만든 짧은 문단 전체를 주어진 시간 내에 다시 써 보세요.

제한 시간 2분 30초

1 많은 것이 제가 아는 것과 달라요. 여기 사는 것에 적응하는 것이 쉽지는 않네요. 적응하는 데 시간이 필요해요.

2 저는 이곳이 낯설어요. 어떤 도로 표지판은 이해하기 어려워요. 하지만 길을 물어보았을 때 사람들은 친절해요.

3 저는 종종 아침을 걸러요. 규칙적으로 먹는 것이 항상 중요한데도요. 저는 일찍 자고 일찍 일어날 필요가 있어요.

형용사+to부정사

B 앞서 만든 대화문을 주어진 시간 내에 다시 써 보세요.

제한 시간 1분 20초

1
A It is not easy to get used to living here.
B 거기가 그렇게 춥니?

A 얼어 죽겠어.

2
A Some road signs are hard to understand.
B 나도 동의해. 어떤 것은 헷갈려.

A 왜 사람들이 그것들을 바꾸지 않지?

3
A It is always good to eat regularly.
B 전적으로 동감이야.

A 너는 규칙적으로 먹니?

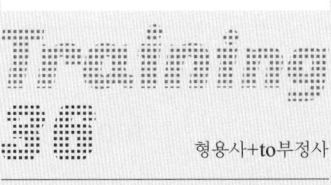 형용사+to부정사

정답 문장을 네이티브 스피커의 음성으로 들으면서 외워 보세요.

 MP3 36_A

1. Many things are different from what I know. It is not easy to get used to living here. I need time to adjust.

2. I am a stranger here. Some road signs are hard to understand. But people are kind when I ask for directions.

3. I often skip my breakfast. It is always good to eat regularly. I need to go to bed and wake up early.

 MP3 36_B

1. Q It is not easy to get used to living here.
   B Is it that cold?
   Q It is freezing.

2. Q Some road signs are hard to understand.
   B I agree. Some are confusing.
   Q Why don't they change them?

3. Q It is always good to eat regularly.
   B I couldn't agree more.
   Q Do you eat regularly?

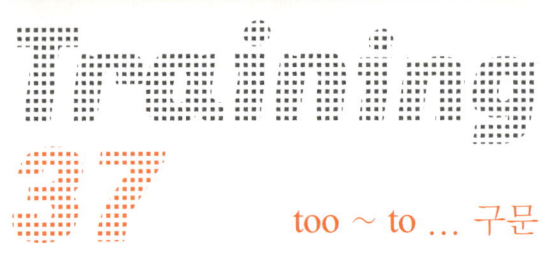

Training 37

too ~ to ... 구문

A 앞서 만든 짧은 문단 전체를 주어진 시간 내에 다시 써 보세요.

제한 시간 2분 30초

1 저는 앉을 시간도 없어요. 저는 너무 바빠서 모든 전화에 대답할 수가 없어요. 저를 도와줄 누군가가 필요해요.

2 제가 그에게 그런 식으로 말한 것은 생각이 짧은 것이었어요. 사과하기에 너무 늦지는 않겠죠. 그가 제 사과를 받아주기를 바라요.

3 그는 밤을 새웠어요. 그는 너무 피곤해서 운전할 수가 없어요. 제가 운전해서 그를 집에다 데려다 드릴게요.

too ~ to ... 구문

B 앞서 만든 대화문을 주어진 시간 내에 다시 써 보세요.

제한 시간 1분 20초

1
- A: I am too busy to answer every call.
- B: 무엇이 너를 그렇게 바쁘게 하니?

- A: 나는 마감일을 맞춰야 돼.

2
- A: It's not too late to apologize.
- B: 그녀가 나를 용서할까?

- A: 물론, 용서할 거야.

3
- A: I am too tired to drive.
- B: 나도 그래.

- A: 너 여전히 내가 운전하기를 원하니?

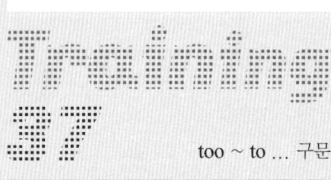

too ~ to ... 구문

정답 문장을 네이티브 스피커의 음성으로 들으면서 외워 보세요.

MP3 37_A

1 I don't even have time to sit. I am too busy to answer every call. I need someone to help me now.

2 I was thoughtless to speak to him that way. It's not too late to apologize. I hope he will accept my apology.

3 He stayed up all night. He is too tired to drive. I will drive him home.

MP3 37_B

1 Q I am too busy to answer every call.
Q What makes you so busy?
Q I have to meet the deadline.

2 Q It's not too late to apologize.
Q Will she forgive me?
Q Of course, she will.

3 Q I am too tired to drive.
Q So am I.
Q Do you still want me to drive?

enough to ~

A 앞서 만든 짧은 문단 전체를 주어진 시간 내에 다시 써 보세요.

제한 시간 2분 30초

1 당신이 몇 살인지 알잖아요. 당신은 더 잘 알 만큼 충분히 나이가 들었잖아요. 나이에 맞게 행동해야 해요.

2 이렇게 큰 담요를 찾다니 운이 좋았네요. 그 담요는 우리 모두를 덮을 만큼 충분히 커요. 이제 따뜻하게 있을 수 있겠어요.

3 사람들이 롤러코스터를 타기 위해 줄을 서 있는데요. 제 남동생은 이 롤러코스터를 탈 수 있을 만큼 충분히 커요. 그는 미치도록 좋아하거든요.

enough to ~

앞서 만든 대화문을 주어진 시간 내에 다시 써 보세요.

제한 시간 1분 20초

1
- A You are old enough to know better.
- B 글쎄, 내가 다 아는 것은 아니잖아.

- A 어떻게 우리가 다 알겠어?

2
- A This blanket is big enough to cover all of us.
- B 너 그거 어디서 났니?

- A 내가 샀는데.

3
- A My brother is tall enough to ride this rollercoaster.
- B 이 기둥에 기대어 서 보세요.

- A 이렇게요?

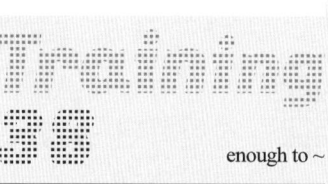

enough to ~

정답 문장을 네이티브 스피커의 음성으로 들으면서 외워 보세요.

MP3 38_A

1. You know how old you are. You are old enough to know better. You should act your age.

2. It was lucky to find this big blanket. This blanket is big enough to cover all of us. Now we will stay warm.

3. People are in line to ride a rollercoaster. My brother is tall enough to ride this rollercoaster. He is crazy about it.

MP3 38_B

1. Q You are old enough to know better.
   Q Well, I don't know everything.
   Q How can we know everything?

2. Q This blanket is big enough to cover all of us.
   Q Where did you get it?
   Q I bought it.

3. Q My brother is tall enough to ride this rollercoaster.
   Q Stand against this post, please.
   Q Like this?

정형화된 동명사 표현들

A 앞서 만든 짧은 문단 전체를 주어진 시간 내에 다시 써 보세요.

⏱ 제한 시간 2분 50초

1 캠핑 가는 것이 인기 있는 야외활동이 되었어요. 요즘 그 어느 때보다도 더 많은 사람들이 휴가 때 캠핑을 가요. 올해는 캠핑을 즐기는 사람들의 수가 급상승할 거예요.

2 시내 구경 가는 것과 쇼핑 가는 것은 둘 다 즐거운 일이죠. 우리는 시내 구경을 먼저 가고 그 다음 쇼핑을 갈 거예요. 시내 구경 가는 것과 쇼핑 가는 것을 균형을 맞춰서 할 필요가 있어요.

3 일반적으로 사람들은 극한 스포츠는 좋아하지 않아요. 취미로 번지점프 하러 가는 것을 좋아하는 사람들은 그다지 많지 않아요. 하지만 저는 기회가 있으면 해보고 싶어요.

정형화된 동명사 표현들

 앞서 만든 대화문을 주어진 시간 내에 다시 써 보세요.

제한 시간 1분 20초

1

A Nowadays, more people than ever go camping on their vacation.
B 너도 역시 캠핑 가니?

A 응, 한 달에 한 번.

2

A We will go sightseeing first and then we will go shopping.
B 우리 쇼핑 먼저 할 수 있을까요?

A 네, 그럴 수 있죠. 하지만, 그게 시간이 걸릴지도 몰라요.

3

A Not many people like to go bungee jumping as their hobbies.
B 그거 시도해봤니?

A 아니, 안 해봤어.

정형화된 동명사 표현들

정답 문장을 네이티브 스피커의 음성으로 들으면서 외워 보세요.

1 Going camping has been a popular outdoor activity. Nowadays, more people than ever go camping on their vacation. The number of people enjoying camping will soar this year.

2 Going sightseeing and shopping are both enjoyable. We will go sightseeing first and then we will go shopping. We need to keep a balance between sightseeing and shopping.

3 Normally, people don't like extreme sports. Not many people like to go bungee jumping as their hobbies. But I would like to try if I have a chance.

1
Q Nowadays, more people than ever go camping on their vacation.
Q Do you go camping, too?
Q Yes, once a month.

2
Q We will go sightseeing first and then we will go shopping.
Q Can we go shopping first?
Q Yes, we can. But it may take time.

3
Q Not many people like to go bungee jumping as their hobbies.
Q Have you tried it?
Q No, I haven't.

가주어 It

A 앞서 만든 짧은 문단 전체를 주어진 시간 내에 다시 써 보세요.

제한 시간 2분 30초

1 저는 무대 공포증이 있어요. 많은 사람들 앞에서 말하는 것이 저에게는 힘들어요. 저는 그것을 극복할 필요가 있어요.

2 그들은 막상막하예요. 누가 이길지 예측하는 것은 어려워요. 동점으로 끝날 거라고 생각해요.

3 저는 하와이로 출장을 갈 예정이에요. 일과 즐거움을 동시에 가질 수 있는 것은 매우 좋은 일이죠. 저는 2주 동안 그곳에 있을 거예요.

가주어 It

B 앞서 만든 대화문을 주어진 시간 내에 다시 써 보세요.

제한 시간 1분 20초

1
- **A** It's difficult for me to speak in front of many people.
- **B** 모든 것에는 처음이 있기 마련이야.

- **A** 너는 어떻게 무대 공포증을 극복했니?

2
- **A** It's hard to predict who will win.
- **B** 그것은 막상막하야.

- **A** 누가 이길 거라고 생각하니?

3
- **A** It's great to have business and pleasure at the same time.
- **B** 당신은 어떤 종류의 직업에 종사하고 있나요?

- **A** 저는 가정용품을 수출하고 있어요.

가주어 It

정답 문장을 네이티브 스피커의 음성으로 들으면서 외워 보세요.

▶ MP3 40_A

1 I have stage fright. It's difficult for me to speak in front of many people. I need to get over it.

2 They are almost evenly matched. It's hard to predict who will win. I think it will end in a tie.

3 I am going on a business trip to Hawaii. It's great to have business and pleasure at the same time. I will be there for two weeks.

▶ MP3 40_B

1 Q It's difficult for me to speak in front of many people.
　 B There is a first time for everything.
　 Q How did you overcome stage fright?

2 Q It's hard to predict who will win.
　 B It is a close game.
　 Q Who do you think will win?

3 Q It's great to have business and pleasure at the same time.
　 B What type of business are you in?
　 Q I am exporting household items.

Training 42 — 지각동사

A 앞서 만든 짧은 문단 전체를 주어진 시간 내에 다시 써 보세요.

제한 시간 2분 30초

1 왜 당신의 iPhone을 찾고 있나요? 저는 당신이 iPhone을 가방에 넣는 것을 봤어요. 가방을 확인해 보거나 아니면 뒤집어서 찾아보세요.

2 저는 새 CCTV를 설치했어요. 이 CCTV는 문으로 들어가는 누구든 감시할 수 있어요. 저는 이전보다 더 안전하다고 느껴요.

3 사실 저는 안 자고 있었어요. 저는 당신의 나가는 소리를 들었어요. 당신은 왜 밤에 집에서 몰래 빠져나갔나요?

지각동사

 앞서 만든 대화문을 주어진 시간 내에 다시 써 보세요.

제한 시간 1분 20초

1
- A: I saw you put your iPhone in the bag.
- B: 정말?

- A: 내가 그것을 언제 내 가방에 넣었지?

2
- A: This CCTV can watch anyone enter the door.
- B: 우리가 이제 안전하다는 얘기 같군요.

- A: 그것을 테스트해보고 싶으세요?

3
- A: I heard you go out.
- B: 그랬니?

- A: 응, 그랬어.

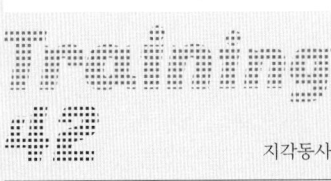

지각동사

정답 문장을 네이티브 스피커의 음성으로 들으면서 외워 보세요.

 MP3 42_A

1 Why are you looking for your iPhone? I saw you put your iPhone in the bag. Check your bag or turn the bag inside out.

2 I have installed a new CCTV. This CCTV can watch anyone enter the door. I feel safer than before.

3 Actually, I wasn't sleeping. I heard you go out. Why did you sneak out of the house at night?

 MP3 42_B

1
- Q I saw you put your iPhone in the bag.
- Q Really?
- Q Yes, you should check your bag.

2
- Q This CCTV can watch anyone enter the door.
- Q It sounds like we are safe now.
- Q Do you want to test it?

3
- Q I heard you go out.
- Q Did you?
- Q Yes, I did.

사역동사

A. 앞서 만든 짧은 문단 전체를 주어진 시간 내에 다시 써 보세요.

제한 시간 2분 40초

1 그는 지금 잘 하고 있어요. 그의 성공이 그가 그의 삶을 새로 시작하도록 만들어줬어요. 그 사람이 잘돼서 다행이에요.

2 그는 자기 방을 엉망으로 만들어 놓고 절대 청소를 안 했어요. 저는 그가 그의 방을 청소하도록 시켰어요. 청소하는 데 두 시간 걸렸어요.

3 제 노트북 컴퓨터를 탁자 위에 놔두고 왔어요. 제가 없는 동안에 그들이 그것을 건드리지 않도록 해 줘요. 매우 중요한 자료를 거기에 저장해 뒀거든요.

사역동사

 앞서 만든 대화문을 주어진 시간 내에 다시 써 보세요.

제한 시간 1분 20초

1

A His success made him start his life anew.
B 그는 그럴 자격이 있어.

A 그가 그렇게 열심히 일했니?

2

A I had him clean his room.
B 어떻게 그를 청소하게 만들었니?

A 협박했지 뭐.

3

A Don't let them touch it while I am not here.
B 내가 그걸 지켜봐 주기를 원하니?

A 좀 그래 줄래?

Training 43

사역동사

정답 문장을 네이티브 스피커의 음성으로 들으면서 외워 보세요.

A ▶ MP3 43_A

1 He is doing all right now. His success made him start his life anew. I am happy for him.

2 He messed up his room and never cleaned it. I had him clean his room. It took two hours to clean it.

3 I left my laptop on the table. Don't let them touch it while I am not there. I have very important data saved on it.

B ▶ MP3 43_B

1
Q His success made him start his life anew.
Q He deserves it.
Q Did he work that hard?

2
Q I had him clean his room.
Q How did you make him clean?
Q I threatened him.

3
Q Don't let them touch it while I am not here.
Q Do you want me to watch over it?
Q Please, would you?

Training 44 — 동사+목적격 대명사+to부정사

A 앞서 만든 짧은 문단 전체를 주어진 시간 내에 다시 써 보세요.

⏱ 제한 시간 2분 50초

1 저는 이 일에 대해서는 Sam에게 의지하고 있어요. Sam은 그녀가 이것을 하도록 설득할 수 있는 유일한 사람이에요. 제가 할 일이라고는 그냥 기다리며 지켜보는 것 뿐이에요.

2 저를 도와주시다니 정말 친절하시군요. 제가 여기에 머물 수 있도록 허락해 주셔서 감사해요. 제가 어떻게 감사를 드려야할지 모르겠네요.

3 당신은 제 의견에 반대해서 말했잖아요. 저는 당신이 제 편이기를 기대했어요. 저는 당신이 저를 지지할 줄 알았어요.

동사+목적격 대명사
+to부정사

앞서 만든 대화문을 주어진 시간 내에 다시 써 보세요.

제한 시간 1분 20초

1
A Sam is the only one who can persuade her to do this.
B 그렇다면, Sam에게 부탁하자.

A 그는 어디에 있니?

2
A Thank you for allowing me to stay here.
B 친구 좋다는 게 뭐야?

A 너무 고마워.

3
A I expected you to be on my side.
B 나는 네 편이있어.

A 네가 내 의견에 반대했다고 생각하지 않니?

동사+목적격 대명사
+to부정사

정답 문장을 네이티브 스피커의 음성으로 들으면서 외워 보세요.

▶ MP3 44_A

1 I am relying on Sam for this matter. Sam is the only one who can persuade her to do this. All I can do is just wait and see.

2 That is very kind of you to help me. Thank you for allowing me to stay here. I don't know how to thank you enough.

3 You spoke against my opinion. I expected you to be on my side. I thought you would support me.

▶ MP3 44_B

1 Q Sam is the only one who can persuade her to do this.
B Then, let's ask Sam.
Q Where is he?

2 Q Thank you for allowing me to stay here.
B What are friends for?
Q Thank you so much.

3 Q I expected you to be on my side.
B I was on your side.
Q Don't you think you were against my opinion?

Training 45
remember, regret, forget 뒤에 to부정사와 동명사 구분해서 쓰기

A 앞서 만든 짧은 문단 전체를 주어진 시간 내에 다시 써 보세요.

제한 시간 2분 30초

1 네, 이번에는 기억했어요. 제 숙제를 가져오는 것을 기억했어요. 여기 제 숙제가 있어요.

2 오, 또 그런 일이! 저는 그녀를 기다리고 있는 중인데요. 제가 그녀에게 그녀의 예전 남자 친구가 온다고 말한 것이 후회스러워요. 제가 그걸 말하지 말았어야 했는데요.

3 오, 이런! 불을 켜놓고 왔네요. 불 끄는 것을 또 잊어버렸어요. 돌아가봐야겠어요.

Training 45
remember, regret, forget 뒤에 to부정사와 동명사 구분해서 쓰기

B 앞서 만든 대화문을 주어진 시간 내에 다시 써 보세요.

제한 시간 1분 20초

1
- **A** Remember to bring your homework with you.
- **B** 네, 제 숙제를 가지고 오는 것을 기억했어요.

- **A** 나에게 보여줄래?

2
- **A** I regret to inform you that she will not join us.
- **B** 오, 또 그런 일이! 내가 그녀에게 그녀의 예전 남자 친구가 온다고 말한 것이 후회스럽구나.

- **A** 그가 정말로 오니?

3
- **A** Don't forget to turn off the light!
- **B** 오, 이런! 나는 불 끄는 것을 또 잊어버렸어.

- **A** 너 돌아가기를 원하니?

remember, regret, forget 뒤에
to부정사와 동명사 구분해서 쓰기

정답 문장을 네이티브 스피커의 음성으로 들으면서 외워 보세요.

MP3 45_A

1 Yes. I did remember this time. I remembered bringing my homework with me. Here is my homework.

2 Oh, not again! I have been waiting for her. I regretted telling her that her ex-boyfriend would come. I shouldn't have said that.

3 Oh, no! I left the light on. I forgot turning off the light again. I have to go back.

MP3 45_B

1 Q Remember to bring your homework with you.
 B Yes. I remembered bringing my homework with me.
 Q Can you show me?

2 Q I regret to inform you that she will not join us.
 B Oh, not again! I regretted telling her that her ex-boyfriend would come.
 Q Is he really coming?

3 Q Don't forget to turn off the light!
 B Oh, no! I forgot turning off the light again.
 Q Do you want to go back?

자주 사용되는 조동사 1

A 앞서 만든 짧은 문단 전체를 주어진 시간 내에 다시 써 보세요.

제한 시간 2분 30초

1 그는 10년이 넘는 경험을 가지고 있어요. 걱정하지 마세요. 그는 자기 혼자 그 문제를 처리할 수 있어요. 그는 무엇을 해야 하는지 알아요.

2 이게 지름길이에요. 당신은 시간을 절약할 수 있어요, 만일 당신이 이 길로 간다면. 20분도 안 걸릴 거예요.

3 우리가 빠져서는 안 되는 수업이 있어. 너하고 나는 내일 모레 그 수업에 참석해야만 해. 내 달력에 적어 놓을게.

자주 사용되는 조동사 1

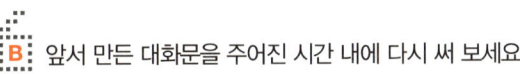

앞서 만든 대화문을 주어진 시간 내에 다시 써 보세요.

제한 시간 1분 20초

1

A Don't worry. He can handle the problem by himself.
B 그가 무슨 문제를 가지고 있는데?

A 그는 친구와 문제가 있어.

2

A You could save time if you go this way.
B 이게 지름길이니?

A 응, 나를 따라와.

3

A You and I should attend the class the day after tomorrow.
B 그게 몇 시에 시작하지?

A 내 생각에 그것은 3시에 시작해.

자주 사용되는 조동사 1

정답 문장을 네이티브 스피커의 음성으로 들으면서 외워 보세요.

MP3 46_A

1. He has over ten years' experience. Don't worry. He can handle the problem by himself. He knows what to do.

2. This is a shortcut. You could save time if you go this way. It will take less than 20 minutes.

3. There is a class we shouldn't miss. You and I should attend the class the day after tomorrow. I will write it down on my calender.

MP3 46_B

1. Q Don't worry. He can handle the problem by himself.
   Q What problem does he have?
   Q He has a problem with his friend.

2. Q You could save time if you go this way.
   Q Is this a shortcut?
   Q Yes, follow me.

3. Q You and I should attend the class the day after tomorrow.
   Q What time does it start?
   Q I think it starts at three.

자주 사용되는 조동사 2

A 앞서 만든 짧은 문단 전체를 주어진 시간 내에 다시 써 보세요.

제한 시간 2분 30초

1 이번 여름에 가족 모임이 있을 거예요. 저희는 이번 방학 동안 저희 할머니를 방문할지도 몰라요. 저는 그것을 학수고대하고 있는 중이에요.

2 사람들이 말하기를 우리는 사회적 동물이라고 해요. 사람들은 누군가 의지할 사람이 있어야 돼요. 우리는 완전히 독립적으로 살 수는 없어요.

3 그녀는 요즘 상태가 좋아 보이지 않아요. 저는 그녀가 의사를 봐야 한다고 생각해요. 그녀는 가서 의사의 진찰을 받아야 돼요.

Training 47
자주 사용되는 조동사 2

B 앞서 만든 대화문을 주어진 시간 내에 다시 써 보세요.
제한 시간 1분 20초

1
- A: We may visit our grandmother during this vacation.
- B: 너희 할머니께선 어디에 사시니?

- A: 그 분은 시골에 사셔.

2
- A: People have to have someone to depend on.
- B: 당신은 누구를 의지하고 있나요?

- A: 내 가족이죠, 물론.

3
- A: I think she must see a doctor.
- B: 왜? 그녀가 아프니?

- A: 응. 안 좋아 보여.

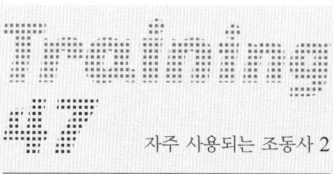

자주 사용되는 조동사 2

정답 문장을 네이티브 스피커의 음성으로 들으면서 외워 보세요.

MP3 **47_A**

1 There will be a family reunion this summer. We may visit our grandmother during this vacation. I am looking forward to it.

2 People say we are social animals. People have to have someone to depend on. We can't be completely independent.

3 She doesn't look good these days. I think she must see a doctor. She must go see a doctor.

MP3 **47_B**

1
Q We may visit our grandmother during this vacation.
B Where does your grandmother live?
Q She lives in the countryside.

2
Q People have to have someone to depend on.
B Who do you depend on?
Q My family, of course.

3
Q I think she must see a doctor.
B Why? Is she sick?
Q Yes, she doesn't look good.

Training 48 자주 사용되는 조동사 3

A 앞서 만든 짧은 문단 전체를 주어진 시간 내에 다시 써 보세요.

제한 시간 2분 30초

1 도착하면 꼭 제게 전화하세요. 저는 그 시간에 일하고 있는 중일 거예요. 당신 전화 받고 나서 저는 집을 나설 거예요.

2 마감일이 다 되어 가요. 우리는 일주일 내로 최종 회의를 가질 계획이에요. 그런 다음, 무엇을 할지 결정할 거예요.

3 저는 어렸을 때 서울에서 살았었어요. 서울은 예전과 같은 곳이 아니에요. 뉴욕보다 더 큰 도시가 되었어요.

자주 사용되는 조동사 3

 앞서 만든 대화문을 주어진 시간 내에 다시 써 보세요.

제한 시간 1분 20초

1
- A I will be working at that time.
- B 너는 언제 시간이 나니?

- A 두 시 좀 지나서.

2
- A We are going to have a final discussion within a week.
- B 그게 언제가 될까요?

- A 아마 이번 주 목요일이요.

3
- A Seoul is not the same place that it used to be.
- B 네가 마지막으로 방문했을 때가 언제니?

- A 그게 1992년이었어.

자주 사용되는 조동사 3

정답 문장을 네이티브 스피커의 음성으로 들으면서 외워 보세요.

MP3 48_A

1. Make sure you call me when you arrive. I will be working at that time. I will leave home after I receive your call.

2. The deadline is around the corner. We are going to have a final discussion within a week. And then, we will decide what to do.

3. I used to live in Seoul when I was little. Seoul is not the same place that it used to be. It has become a city bigger than New York.

MP3 48_B

1. Q I will be working at that time.
   Q When are you going to be free?
   Q Sometime after two.

2. Q We are going to have a final discussion within a week.
   Q When is it going to be?
   Q Probably this Thursday.

3. Q Seoul is not the same place that it used to be.
   Q When was the last time you visited?
   Q It was 1992.

Training 50 — 현재 사실과 반대되는 일을 상상해서 쓰기

A 앞서 만든 짧은 문단 전체를 주어진 시간 내에 다시 써 보세요.

🔥 제한 시간 2분 30초

1 이런 일이 저에게 생길지 몰랐어요. 제가 그녀의 말을 들었어야 했어요. 그녀의 조언을 무시한 것을 후회해요.

2 연필을 들지 마세요. 당신은 그 연필로 저를 찌를 뻔했어요. 봐요! 그게 제 점퍼를 거의 뚫었다니까요.

3 저는 먹지 말았어야 했어요. 그 오래된 음식이 저를 아프게 할 뻔했어요. 저는 그게 상한 줄 몰랐어요.

현재 사실과 반대되는 일을 상상해서 쓰기

B 앞서 만든 대화문을 주어진 시간 내에 다시 써 보세요.

⏱ 제한 시간 **1**분 **20**초

1
- **A** I should have listened to her.
- **B** 무슨 일인데?

- **A** 나 바가지 썼어.

2
- **A** You could have poked me with the pencil.
- **B** 오, 미안해. 내가 너를 못 봤어. 너 괜찮니?

- **A** 나 괜찮아.

3
- **A** The old food almost had me sick.
- **B** 너 많이 먹었니?

- **A** 응, 좀 먹었어.

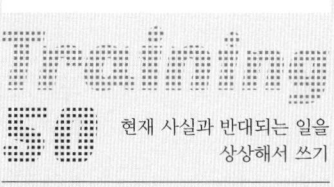

현재 사실과 반대되는 일을 상상해서 쓰기

정답 문장을 네이티브 스피커의 음성으로 들으면서 외워 보세요.

MP3 **50_A**

1 I didn't know this would happen to me. I should have listened to her. I regret ignoring her advice.

2 Don't raise the pencil. You could have poked me with the pencil. Look! It almost penetrated my jumper.

3 I shouldn't have eaten. The old food almost had me sick. I didn't know it was spoiled.

MP3 **50_B**

1
Q I should have listened to her.
Q What is going on?
Q I got ripped off.

2
Q You could have poked me with the pencil.
Q Oh, I am sorry. I didn't see you. Are you all right?
Q I am all right.

3
Q The old food almost had me sick.
Q Did you eat much?
Q Yes, I ate some.

두 가지 상황 비교해서 쓰기

A 앞서 만든 짧은 문단 전체를 주어진 시간 내에 다시 써 보세요.

제한 시간 2분 40초

1 이 드라마는 재미있어 보여요. 저는 당신이 말한 그것을 보느니 차라리 이 드라마를 보겠어요. 저는 첫 장면을 보고 그것에 빠져들었어요.

2 당신은 제가 찾고 있는 바로 그 사람이에요. 저는 어제 만난 그 남자와 일하느니 차라리 당신과 일하겠어요. 우리는 서로 좋은 파트너가 될 수 있어요.

3 저는 글쓰기를 잘해요. 저는 수학 문제를 풀고 있느니 차라리 에세이를 쓰고 있겠어요. 저는 숫자에 약하거든요.

두 가지 상황 비교해서 쓰기

B 앞서 만든 대화문을 주어진 시간 내에 다시 써 보세요.

제한 시간 1분 20초

1
- **A** I would rather see this drama than the one you mentioned.
- **B** 나를 믿어봐. 내가 언급한 것은 정말 좋아.

- **A** 너 확실해?

2
- **A** I would rather work with you than the man I met yesterday.
- **B** 나 역시 너와 일하고 싶어.

- **A** 우리 언제 시작할 수 있니?

3
- **A** I would rather be writing an essay than solving a math problem.
- **B** 나 역시 수학을 싫어해.

- **A** 누가 수학을 좋아하겠어?

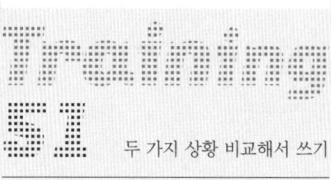

두 가지 상황 비교해서 쓰기

정답 문장을 네이티브 스피커의 음성으로 들으면서 외워 보세요.

MP3 **51_A**

1 This drama seems to be interesting. I would rather see this drama than the one you mentioned. I watched the first scene and got sucked into it.

2 You are the one I am looking for. I would rather work with you than the man I met yesterday. We can make good partners for each other.

3 I am good at writing. I would rather be writing an essay than solving a math problem. I am not good at numbers.

MP3 **51_B**

1 Q I would rather see this drama than the one you mentioned.
A Believe me. The one I mentioned is really good.
Q Are you sure?

2 Q I would rather work with you than the man I met yesterday.
A I'd like to work with you, too.
Q When can we start?

3 Q I would rather be writing an essay than solving a math problem.
A I don't like math, either.
Q Who likes math?

부사절 1

 앞서 만든 짧은 문단 전체를 주어진 시간 내에 다시 써 보세요.

제한 시간 2분 50초

1 저는 방학 동안에 대개 늦게 일어나요. 오전 10시가 제가 여름방학 동안에 일어나는 시간이에요. 저는 하루가 매우 짧은 것처럼 느껴져요.

2 이것이 저의 대략적인 초안이에요. 이 초안에는 약간의 실수가 있기 때문에, 저는 그것을 다시 읽고 고칠 필요가 있어요. 제 최종본에는 실수가 없을 거예요.

3 과거에는 이 지역이 버려졌었어요. 그 지역이 재개발된 후에, 여러 해 동안 이런 상태로 있어요. 사람들이 이주해오기 시작했거든요.

부사절 1

 앞서 만든 대화문을 주어진 시간 내에 다시 써 보세요.

🔥 제한 시간 1분 20초

1
- Ⓐ 10 a.m. is the time when I get up during summer vacation.
- Ⓑ 넌 보통 몇 시에 일어나?

- Ⓐ 나는 오전 6시에 일어나.

2
- Ⓐ Because there are a few mistakes in this draft, I need to read it again and correct them.
- Ⓑ 그 초안이 얼마나 긴가요?

- Ⓐ 그건 10페이지예요.

3
- Ⓐ After the area was redeveloped, it has been like this for many years.
- Ⓑ (그동안) 변화가 좀 있었어.

- Ⓐ 주변을 좀 더 구경해 볼래?

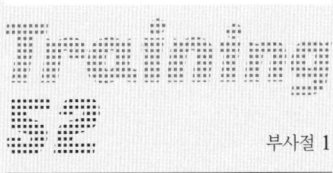

부사절 1

정답 문장을 네이티브 스피커의 음성으로 들으면서 외워 보세요.

1 I usually wake up late during vacation. 10 a.m. is the time when I get up during summer vacation. I feel like a day seems very short.

2 This is my rough draft. Because there are a few mistakes in this draft, I need to read it again and correct them. There will be no mistakes in my final paper.

3 This area was abandoned in the past. After the area was redeveloped, it has been like this for many years. People have started to move in.

B 🎵 MP3 52_B

1
- Q 10 a.m. is the time when I get up during summer vacation.
- B What time do you usually get up?
- Q I get up at 6 a.m.

2
- Q Because there are a few mistakes in this draft, I need to read it again and correct them.
- B How long is the draft?
- Q It is 10 pages.

3
- Q After the area was redeveloped, it has been like this for many years.
- B There have been some changes.
- Q Do you want to look around more?

부사절 2

A 앞서 만든 짧은 문단 전체를 주어진 시간 내에 다시 써 보세요.

제한 시간 3분 20초

1 저는 정말로 그녀의 카메라를 사용하고 싶었어요. 그녀는 그녀의 카메라를 사용하지 않고 있었음에도 불구하고, 저에게 그것을 사용하도록 허락하지 않았어요. 저는 그것을 빌릴 방법을 찾을 필요가 있어요.

2 그것은 거리 한복판에서 일어났어요. 거리에 있던 대부분의 사람들이 마치 아무 일도 일어나지 않은 것처럼 행동했어요. 일어난 일이 그들에게는 큰일이 아닌 것처럼 보였어요.

3 지속적으로 공부하는 것은 중요해요. 당신이 공부하고 싶은 열정이 있는 한, 대학교에 가는 것이 너무 늦은 것은 아니에요. 나이가 너무 많아 못 배우는 사람은 없어요.

부사절 2

앞서 만든 대화문을 주어진 시간 내에 다시 써 보세요.

제한 시간 1분 20초

1
A: Although she was not using her camera, she did not let me use it.
B: 그건 틀림없이 비싼 것일 거야.

A: 네가 나를 위해서 그녀에게 부탁해 줄 수 있겠니?

2
A: Most people on the street acted as if nothing had happened.
B: 아마 그게 그들에게는 중요하지 않았나 보지.

A: 너 그렇게 생각하니?

3
A: As long as you have a passion to study, it's not too late to go to university.
B: 내가 해낼 수 있을까?

A: 그럼, 뜻이 있는 곳에 길이 있는 거잖아.

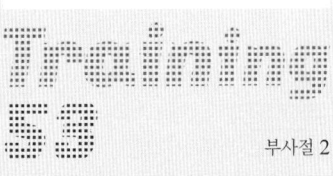

부사절 2

정답 문장을 네이티브 스피커의 음성으로 들으면서 외워 보세요.

1 I really wanted to use her camera. Although she was not using her camera, she did not let me use it. I need to find a way to borrow it.

2 It happened in the middle of the street. Most people on the street acted as if nothing had happened. It seemed what happened was not a big deal to them.

3 It is important to keep studying. As long as you have a passion to study, it's not too late to go to university. No one is too old to learn.

1
- Q Although she was not using her camera, she did not let me use it.
- B It must be an expensive one.
- Q Can you ask her for me?

2
- Q Most people on the street acted as if nothing had happened.
- B Maybe it was not important to them.
- Q Do you think so?

3
- Q As long as you have a passion to study, it's not too late to go to university.
- B Can I make it?
- Q Sure. Where there is a will, there is a way.

Training 54 — 부사절을 부사구로 바꿔서 쓰기

A 앞서 만든 짧은 문단 전체를 주어진 시간 내에 다시 써 보세요.

제한 시간 2분 40초

1 정말 그 식당에 가고 싶어요? 그 식당에 예약을 하기 전에 가격을 확인해 보는 것이 어때요? 그런 다음 거기로 가는 길을 알아보세요.

2 저는 당신에게 우리의 방침을 상기시켜 드리고 싶어요. 그것을 구입한 후에는 환불을 할 수 없습니다. 다른 것으로 교환하실 수는 있어요.

3 그 제안은 좋아 보였어요. 그것에 대해 주말 내내 생각해보는 동안, 저는 뭔가 미심쩍은 것을 발견했어요. 저는 그것을 좀 더 조사할 시간이 필요해요.

부사절을 부사구로 바꿔서 쓰기

앞서 만든 대화문을 주어진 시간 내에 다시 써 보세요.

제한 시간 1분 20초

1

Ⓐ Before making a reservation at the restaurant, why don't you check the price?

Ⓑ 벌써 했어.

Ⓐ 그게 얼마였는데?

2

Ⓐ After purchasing it, you cannot refund it.

Ⓑ 교환은 할 수 있나요?

Ⓐ 네, 다른 사이즈나 색깔로 교환하실 수는 있어요.

3

Ⓐ While thinking about it over the weekend, I found something suspicious.

Ⓑ 뭐가 의심스러웠는데?

Ⓐ 서명이 달랐어.

부사절을 부사구로 바꿔서 쓰기

정답 문장을 네이티브 스피커의 음성으로 들으면서 외워 보세요.

1 Do you really want to go to the restaurant? Before making a reservation at the restaurant, why don't you check the price? And then, get directions to it.

2 I would like to remind you of our policy. After purchasing it, you cannot refund it. But you can exchange it for another.

3 The proposal looked good. While thinking about it over the weekend, I found something suspicious. I need more time to study it.

◎ MP3 54_B

1
Q Before making a reservation at the restaurant, why don't you check the price?
Q I already did.
Q How much was it?

2
Q After purchasing it, you cannot refund it.
Q Can I exchange it?
Q Yes, you can exchange it for another size or color.

3
Q While thinking about it over the weekend, I found something suspicious.
Q What was suspicious?
Q The signature was different.

가정법 현재 1

 앞서 만든 짧은 문단 전체를 주어진 시간 내에 다시 써 보세요.

제한 시간 2분 40초

1 3일 남았어요. 나는 그 일이 일어날지 안 일어날지 궁금해요. 만일 그 일이 일어난다면 사람들은 (기절할 정도로) 놀랄 거예요.

2 요즘은 날씨가 예측불허예요. 만일 먹구름이 보이면, 우리는 안에서 기다려야만 해요. 비가 오지 않기를 바랍시다.

3 지금이 피크타임이에요. 만일 그 식당에 사람들이 많으면, 우리는 길 건너에 있는 다른 식당에 가보면 돼요. 스타일은 다르지만 역시 맛있어요.

가정법 현재 1

B 앞서 만든 대화문을 주어진 시간 내에 다시 써 보세요.

제한 시간 1분 20초

1
A I wonder if it will happen or not.
B (그 일은) 일어나지 않을 거야.

A 만일 (그 일이) 일어나면 (어쩌지)?

2
A If we see rain clouds, we will have to wait inside.
B 오늘 날씨는 어떠니?

A 바람이 불어.

3
A If there are many people in the restaurant, we can try the other one across the street.
B 너 거기 가본 적 있니?

A 응, 거기 또한 내가 가장 좋아하는 장소 중 하나야.

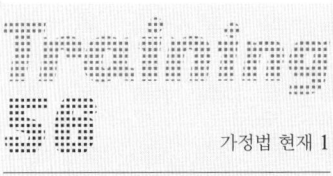

가정법 현재 1

정답 문장을 네이티브 스피커의 음성으로 들으면서 외워 보세요.

1. There are three days left. I wonder if it will happen or not. If it happens, people will be stunned.

2. The weather is unpredictable nowadays. If we see rain clouds, we will have to wait inside. Let's hope it doesn't rain.

3. Now is the peak time. If there are many people in the restaurant, we can try the other one across the street. The style is different, but it is delicious, too.

1. Q I wonder if it will happen or not.
   B It will not happen.
   Q What if it happens?

2. Q If we see rain clouds, we will have to wait inside.
   B What is the weather like today?
   Q It is windy.

3. Q If there are many people in the restaurant, we can try the other one across the street.
   Q Have you been there?
   Q Yes, that is also one of my favorite places.

가정법 현재 2

 앞서 만든 짧은 문단 전체를 주어진 시간 내에 다시 써 보세요.

제한 시간 2분 50초

1 그들은 이 건물에 들어오는 사람들을 확인해요. 만일 여기에 들어오고 싶다면, 당신은 신분증을 제시해야 돼요. 그냥 당신의 카드를 보여주세요. 그러면 그들이 당신을 들어가게 해줄 거예요.

2 이것은 당신이 할 수 있는 거예요. 만일 당신이 급하다면, 당신은 곧장 그에게 가야 돼요. 그가 그런 일들을 처리하는 사람이거든요.

3 아직 시간은 있어요. 만일 당신이 지금 간다면, 당신은 그를 볼 수 있을지도 몰라요. 그는 7시에 그의 사무실을 떠나거든요.

가정법 현재 2

앞서 만든 대화문을 주어진 시간 내에 다시 써 보세요.

제한 시간 1분 20초

1
- **Q** If you want to enter here, you should present your identification card.
- **B** 그것을 가져오는 것을 잊었어요.

- **Q** 당신의 사진이 붙어 있는 다른 거 뭐 있어요?

2
- **Q** If you are in a hurry, you should go to him directly.
- **B** 그가 어디에 있는데?

- **Q** 그는 2층에 있어, 2번 방이야.

3
- **Q** If you go now, you may be able to see him.
- **B** 너무 늦지 않았을까?

- **Q** 네가 뛰어간다면 아니야.

Training 57

가정법 현재 2

정답 문장을 네이티브 스피커의 음성으로 들으면서 외워 보세요.

MP3 57_A

1 They check people entering this building. If you want to enter here, you should present your identification card. Just show your card and they will let you in.

2 This is what you can do. If you are in a hurry, you should go to him directly. He is the person who takes care of such cases.

3 You still have time. If you go now, you may be able to see him. He leaves his office at 7.

MP3 57_B

1 Q If you want to enter here, you should present your identification card.
Q I forgot to bring it.
Q Do you have anything else with your picture on it?

2 Q If you are in a hurry, you should go to him directly.
Q Where is he?
Q He is on the second floor, room two.

3 Q If you go now, you may be able to see him.
Q Isn't it too late?
Q Not if you run.

Training 58

가정법 과거

A 앞서 만든 짧은 문단 전체를 주어진 시간 내에 다시 써 보세요.

제한 시간 2분 50초

1 저는 제 돈을 모두 써버렸어요. 만일 제가 충분한 돈을 가지고 있다면, 저는 그것을 당신에게 사줄 텐데요. 저는 다음 주까지 기다려야 해요.

2 저는 이 문이 잠겨 있는 줄 몰랐어요. 만일 제가 열쇠를 가지고 있다면, 저는 문을 열 텐데요. 제가 열쇠를 가져왔어야 했어요.

3 그것이 당신이 생각하는 것만큼 쉽지 않다는 것을 저는 알아요. 만일 제가 당신이라면, 저는 그녀를 용서할 텐데요. 그러면, 그녀는 당신이 그녀에게 완벽한 사람이었다는 것을 알게 될 거예요.

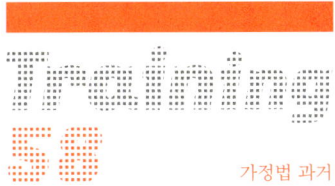

가정법 과거

 앞서 만든 대화문을 주어진 시간 내에 다시 써 보세요.

제한 시간 1분 20초

1
Q If I had enough money, I would buy that house.
B 너는 이런 타입의 집을 좋아하니?

A 응, 나는 벽돌집이 좋아.

2
A If I had the key, I would open the door.
B 열쇠는 어디에 있니?

A 그것을 집에 놔뒀어.

3
A If I were you, I would forgive her.
B 내가 어떻게 그녀를 용서해?

A 사람들이 말하기를 누군가를 용서하는 것은 자신을 용서하는 것이라잖아.

가정법 과거

정답 문장을 네이티브 스피커의 음성으로 들으면서 외워 보세요.

▶ MP3 58_A

1 I have spent all my money. If I had enough money, I would buy it for you. I have to wait until next week.

2 I didn't know this door was locked. If I had the key, I would open the door. I should have brought the key.

3 I know it is not as easy as you think. If I were you, I would forgive her. Then, she will know that you were the perfect person for her.

▶ MP3 58_B

1
Q If I had enough money, I would buy that house.
Q Do you like this type of house?
Q Yes, I like brick houses.

2
Q If I had the key, I would open the door.
Q Where is the key?
Q I left it at home.

3
Q If I were you, I would forgive her.
Q How do I forgive her?
Q People say forgiving someone is forgiving oneself.

Training 59 가능한 일과 불가능한 일 표현하기

A 앞서 만든 짧은 문단 전체를 주어진 시간 내에 다시 써 보세요.

제한 시간 2분 40초

1 저는 이 분야에서의 경험이 필요해요. 저는 저에게 맞는 자리를 찾을 수 있기를 희망해요. 그때까지 계속 지원해볼 거예요.

2 돈이 나무에서 자라지 않잖아요. 제게 여유분의 돈이 있으면 좋을 텐데요. 저는 그것을 적절히 투자할 수 있을 텐데 말이에요.

3 가격이 두 배나 올랐어요. 당신이 없었더라면, 저는 손실이 굉장히 컸을 거예요. 당신 말을 듣기를 잘 했어요.

가능한 일과 불가능한 일
표현하기

앞서 만든 대화문을 주어진 시간 내에 다시 써 보세요.

제한 시간 1분 20초

1
- A I hope I can find the right position for me.
- B 그가 너를 인터뷰하기를 원하니?

___

- A 응, 그렇게 들었어.

___

2
- A I wish I had extra money.
- B 넌 그걸 가지고 뭘 할 건데?

___

- A 투자할 거야.

___

3
- A Without you, I would have suffered heavy losses.
- B 왜? 무슨 일인데?

___

- A 가격이 다섯배나 올랐어.

___

가능한 일과 불가능한 일 표현하기

정답 문장을 네이티브 스피커의 음성으로 들으면서 외워 보세요.

MP3 59_A

1. I need experience in this field. I hope I can find the right position for me. Until then, I will keep applying.

2. Money doesn't grow on trees. I wish I had extra money. I can invest it in appropriate ways.

3. The price has gone up twice. Without you, I would have suffered heavy losses. It was wise for me to listen to your advice.

MP3 59_B

1. Ⓐ I hope I can find the right position for me.
   Ⓑ Does he want to interview you?
   Ⓐ Yes, that's what I heard.

2. Ⓐ I wish I had extra money.
   Ⓑ What would you do with it?
   Ⓐ I would invest.

3. Ⓐ Without you, I would have suffered heavy losses.
   Ⓑ Why? What has happened?
   Ⓐ The price has gone up five times.

사람in 은 **훈련**이 영어를 배우는 가장 확실한 길이라는 믿음으로 영어 교재를 개발하고 있습니다.

사람in 은 **훈련**이 영어를 배우는 가장 확실한 길이라는 믿음으로 영어 교재를 개발하고 있습니다.

**영어
라이팅 훈련**
실천 확장 워크북
❷

저자 한일
초판 **1쇄** 발행 2013년 11월 28일   초판 **2쇄** 발행 2018년 1월 18일

발행인 박효상   총괄 이사 이종선   편집장 김현   편집 김효정, 김설아   디자인팀 김보연   영업 이태호, 이전희
디지털사업팀 이지호   관리 김태옥   디자인·조판 the PAGE 박성미

출판등록 제10-1835호   발행처 사람in   주소 121-839 서울시 마포구 양화로 11길 378-16번지 4F
전화 02) 338-3555(代)   팩스 02) 338-3545   E-mail saramin@netsgo.com
Homepage www.saramin.com

책값은 뒤표지에 있습니다.
파본은 바꾸어 드립니다.

ⓒ 한일 2013

ISBN
978-89-6049-368-1 13740
978-89-6049-286-8(set)

사람이 중심이 되는 세상, 세상과 소통하는 책 사람in

사람이 중심이 되는 세상, 세상과 소통하는 책
www.saramin.com

영어
라이팅 훈련
실천 확장 워크북
Training
31-60